OTTO-RABAN HEINICHEN

Die Rechtsgrundlagen des Reisescheckverkehrs

Untersuchungen über das Spar-, Giro- und Kreditwesen

Schriften des Instituts für das Spar-, Giro- und Kreditwesen
an der Universität Hamburg

Herausgegeben von Prof. Dr. Dr. Fritz Voigt

Band 21

Die Rechtsgrundlagen des Reisescheckverkehrs

Untersuchung nach deutschem Recht und Darstellung der amerikanischen, italienischen und französischen Literatur und Rechtsprechung zum Reisescheck

Von

Dr. Otto-Raban Heinichen

DUNCKER & HUMBLOT / BERLIN

Gedruckt 1964 bei Albert Sayffaerth, Berlin 61
Printed in Germany

Vorwort

Obgleich der Reisescheckverkehr zunehmend bedeutsam ist, sind die dabei auftauchenden Rechtsprobleme bislang in Deutschland kaum untersucht worden, während es im Auslande — insbesondere in den Vereinigten Staaten, Italien und Frankreich — reicheres Material gibt.

Otto-Raban *Heinichen* hat mit seiner Untersuchung über die Rechtsgrundlagen des Reisescheckverkehrs, die im Rahmen der Rechtswissenschaftlichen Fakultät der Universität Hamburg entstanden ist, die bestehende Lücke geschlossen und das ausländische Schrifttum sowie die Rechtsprechung zuverlässig herangezogen. Heinichen will auf den DM-Reisescheck grundsätzlich die Bestimmungen des Scheckgesetzes anwenden, muß aber im Hinblick auf die Eigenarten des Reiseschecks gewisse Ausnahmen vorsehen. Es ist fesselnd, die gewonnenen Ergebnisse im Lichte des Auslandsrechtes zu sehen.

Im Bereiche der handels- und wirtschaftsrechtlichen Lehrstühle der Universität Hamburg ist seit jeher die Methode der Rechtstatsachenforschung angewendet worden. Dabei hat sich immer eine erfreuliche Zusammenarbeit mit den Wirtschaftswissenschaftlern der Universität Hamburg ergeben, eine Zusammenarbeit, die im vorliegenden Falle auch darin zum Ausdruck kommt, daß Herr Prof. Dr. Dr. Fritz *Voigt* dankenswerterweise die Schrift in die Reihe der von ihm herausgegebenen Untersuchungen über das Spar-, Giro- und Kreditwesen aufgenommen hat.

Hamburg, den 1. Oktober 1963

Prof. Dr. jur. H. Möller

Inhaltsverzeichnis

Zweiter Teil

Die Rechtsgrundlagen des Reisescheckverkehrs

Erster Abschnitt

Untersuchung der Rechtsgrundlagen des Reisescheckverkehrs nach deutschem Recht

Zweiter Abschnitt

Darstellung der amerikanischen, italienischen und französischen Rechtsprechung und Literatur zum Reisescheck

Abkürzungsverzeichnis

A. 2 d.	= Atlantic Reporter Second Series
a. A.	= andere Ansicht
a.a.O.	= am angegebenen Ort
Abs.	= Absatz
A. L. R.	= American Law Reports
Anm.	= Anmerkung
Amexco	= American Express Company
Art.	= Artikel
Banca, borsa, titoli	= Banca, Borsa e Titoli di Credito Jahr, Teil, Seite
BankA.	= Bank-Archiv, Zeitschrift für Bank- und Börsenwesen, Jahr, Seite
Banque	= Banque, Revue du Banquier de son personel et de sa clientèle, Paris, Jahr, Seite
Bd.	= Band
BGB	= Bürgerliches Gesetzbuch
BGH	= Bundesgerichtshof
BlGenW.	= Blätter für Genossenschaftswesen, Jahr, Seite
BundesbankG.	= Bundesbankgesetz
bzgl.	= bezüglich
Cal. App.	= California Appellate Court
Cass.	= Corte di Cassazione
Co., Comp.	= Company
d.	= des, der
Dalloz	= Dalloz Enzyclopédie Juridique, Répertoire de Droit Commercial et des Sociétès, herausgegeben von Vergé — Ripert — Dalligny, Band, Seite
ders.	= derselbe
d. h.	= das heißt
D. H.	= Recueil Dalloz hebdomadaire
Dir. e prat. comm.	= Diritto e pratica commerciali, Jahr, Teil, Seite
DM	= Deutsche Mark
EGBGB	= Einführungsgesetz zum Bürgerlichen Gesetzbuch
Einl.	= Einleitung
evt.	= eventuell
EZU	= Europäische Zahlungsunion
f. ff.	= folgend(e)
F. 2d.	= Federal Reporter Second Series
Foro it.	= Foro italiano, Jahr, Seite
Forts.	= Fortsetzung
F. Supp.	= Federal Supplement
Gaz. Trib.	= La Gazette des Tribunaux, Jahr, Teil, Seite
gem.	= gemäß
Harvard L. R.	= Harvard Law Review
Hdbch.	= Handbuch
Hdwb.	= Handwörterbuch
HGB	= Handelsgesetzbuch
h. M.	= herrschende Meinung
Inc.	= Incorporated

Int. KrimPol. Rev.	= Internationale Kriminalpolizeiliche Revue, Jahr, Seite
IPR	= Internationales Privatrecht
i. S.	= im Sinne
ital.	= italienisch
J. C. P.	= Jurisclasseur Périodique, La Semaine juridique, Jahr, Teil, Seite
JW	= Juristische Wochenschrift, Jahr, Seite
Krim.	= Kriminalistik, Zeitschrift für die gesamte kriminalistische Wissenschaft und Praxis, Jahr, Seite
Lmtd.	= Limited
lt.	= laut
LZ	= Leipziger Zeitschrift für Deutsches Recht, Jahr, Spalte
Mich.	= Michigan
N.	= Note
N. E.	= North Eastern Reporter
N. E. 2d.	= North Eastern Reporter Second Series
NIL	= Negotiable Instruments Law
Novissimo Dig. it.	= Novissimo Digesto Italiano, Band, Teil, Seite
Nr.	= Nummer
Nuovo Dig. it.	= Nuovo Digesto Italiano, Band, Teil, Seite
N. W.	= North Western Reporter
N. Y.	= New York
N. Y. S. 2d.	= New York Supplement Second Series
P.	= Pacific Reporter
P. 2d.	= Pacific Reporter Second Series
R. D. C.	= Rivista del diritto commerciale
R. D. L.	= regio decreto legge
Rev. Banque	= Revue de la banque, Jahr, Seite
Rev.trim.droit comm.	= Revue trimestrielle de droit commercial, Paris, Jahr, Seite
RFH	= Reichsfinanzhof
RFHE	= Sammlung der Entscheidungen und Gutachten des Reichsfinanzhofes, Band, Seite
RG	= Reichsgericht
RGZ	= Entscheidungen des Reichsgerichts in Zivilsachen, Band, Seite
S.	= Seite
ScheckG.	= Scheckgesetz
S. E.	= South Eastern Reporter
Sirey	= Recueil général des lois et des arrets, begründet von Sirey, Paris, Jahr, Teil, Seite
sog.	= sogenannt(e)
Sp.	= Spalte
S. W.	= South Western Reporter
S. W. 2d.	= South Western Reporter Second Series
T. C.	= Travelers Cheque
Trib.	= Tribunale
u.	= und
u. a.	= unter anderem
vgl.	= vergleiche
WM	= Wertpapier-Mitteilungen Teil IV B, Jahr, Seite
WStG.	= Wechselsteuergesetz
Yale L. J.	= Yale Law Journal, Band, Seite
z. B.	= zum Beispiel
Zif.	= Ziffer
ZKW	= Zeitschrift für das gesamte Kreditwesen, Jahr, Seite

Einleitung

Die Aufgabe der Arbeit

Im internationalen Zahlungsverkehr ist etwa zu Beginn dieses Jahrhunderts eine Einrichtung zur Sicherung des Geldtransportes eingeführt worden, die unter dem Namen „Reisescheck" (Travelers cheque, chèque de voyage, assegno turistico) bekannt ist. Sie hat sich in den vergangenen 50 Jahren in zunehmendem Maße im Verkehr durchgesetzt, so daß das Reisescheckgeschäft heute zu einem festen Bestandteil des Bankgeschäfts geworden ist.

Während der Reisescheck so in der Praxis allgemeine Anerkennung gefunden hat, sind aber die mit ihm zusammenhängenden rechtlichen Fragen bisher nur in sehr geringem Umfange erörtert worden. Soweit dies geschehen, sind die Ansichten teilweise unterschiedlich, ihre Begründungen nicht immer befriedigend. Eine Zusammenstellung der auf diesem Gebiet vorhandenen Literatur und eine zusammenfassende Darstellung der mit dem Reisescheck verbundenen Rechtsfragen fehlt überhaupt.

Die folgende Untersuchung soll daher zur Klärung der Rechtsgrundlagen des Reisescheckverkehrs beitragen. Im Vordergrund steht dabei die in der Literatur verschieden beantwortete Frage der Rechtsnatur des Reiseschecks. Im Anschluß an die Prüfung dieser Frage werden die zwischen den Beteiligten am Reisescheckverkehr entstehenden Rechtsbeziehungen zu erörtern sein. Im Hinblick auf den internationalen Charakter des Reisescheckverkehrs konnte im Rahmen dieser Untersuchung die ausländische Rechtsprechung und Literatur nicht unberücksichtigt bleiben. Sie ist deshalb unter Beschränkung auf drei Länder, in denen der Reisescheck besonders Gegenstand rechtlicher Erörterungen gewesen ist, wiedergegeben worden.

Die Darstellung der Rechtsgrundlagen des Reisescheckverkehrs setzt die Kenntnis der Praxis dieses Bankgeschäftes voraus. Zunächst sind daher die auf diesem Gebiet festzustellenden Rechtstatsachen mitzuteilen.

Erster Teil

Die Praxis des Reisescheckverkehrs im In- und Ausland

Die Praxis des Reisescheckverkehrs ist — international gesehen — nicht einheitlich. Nach einigen allgemeinen Bemerkungen über den Zweck und die Entwicklung des Reisescheckverkehrs (A) wird daher im folgenden das Verfahren im einzelnen zunächst am deutschen Beispiel dargestellt (B). Anschließend werden die im Ausland festzustellenden Besonderheiten mitgeteilt (C). In einem besonderen Abschnitt (D) ist schließlich eine Übersicht über die im Reisescheckverkehr vorkommenden Mißbrauchstatbestände zu geben.

A. Allgemeines

I. Der Zweck des Reiseschecks

1. Das Interesse des Bankkunden

Als Mittel des modernen Zahlungsverkehrs hat der Reisescheck in erster Linie die Aufgabe, dem Bankkunden die Mitnahme von barem Geld auf Reisen zu ersparen und ihn damit von dem — insbesondere auf längeren Reisen ins Ausland stets vorhandenen — Verlustrisiko zu befreien. Andererseits soll er aber auch den Reisenden unter Vermeidung dieses Risikos in die Lage versetzen, sich jederzeit und an jedem Ort je nach Bedarf die Barmittel zu verschaffen, die dieser zur Bestreitung seiner Reisekosten und sonstigen Ausgaben benötigt. Der Reisescheck dient so in zweifacher Hinsicht der finanziellen Sicherheit des Bankkunden, der sich auf eine Reise begeben will.

Daneben bietet der Erwerb von Reiseschecks weitere Vorteile, an die allerdings bei seiner Schaffung nicht gedacht worden ist. So lassen sich durch die Mitnahme von Reiseschecks im internationalen Verkehr möglicherweise Kursverluste vermeiden[1]. Diese Möglichkeit besteht

---

[1] Vgl. Hdwb. des Bankwesens, herausgegeben von *Palyi* und *Quittner*, Berlin 1933, S. 15.

einmal dann, wenn der für die Ausgabe von Reiseschecks maßgebliche Briefkurs gegenüber dem Sortenkurs der jeweils gewünschten ausländischen Valuta niedriger ist. In diesem Falle wird man es vorziehen, sich des Reiseschecks zu bedienen, anstatt ausländische Währung in barem Gelde mitzunehmen. Zum anderen kann der Erwerb von Reiseschecks auch dann vorteilhaft sein, wenn der augenblickliche Wechselkurs für eine bestimmte Auslandswährung im Inlande günstiger ist als im Lande des Reiseziels; denn ausländische Reiseschecks können im Inlande gegen einheimische Währung zum hier geltenden Kurs erworben werden; sie werden aber im Ausland in der dortigen Währung eingelöst. Eine besondere Hilfe für den Reisenden stellt der Reisescheck ferner auch dann dar, wenn devisenrechtliche Vorschriften die Ausfuhr von Sorten aus einem Lande verbieten oder beschränken[2]. Schließlich mag es sich auch dann empfehlen, Reiseschecks zu erwerben, wenn die Mitnahme größerer Beträge von Sorten technische Schwierigkeiten bereitet wie z. B. beim Lire.

2. Das Interesse der Banken

Steht damit der Reisescheck in erster Linie im Dienste des Bankkunden, so liegt seine Einrichtung doch auch im Interesse der Kreditinstitute. Zwar ist das Reisescheckgeschäft für diese vornehmlich ein Dienstleistungsgeschäft, das als Einnahmequelle kaum eine nennenswerte Bedeutung hat — ein finanzieller Nutzen wird dabei überhaupt nur dann erzielt, wenn es als Massengeschäft betrieben werden kann —, jedoch hat der Reisescheckverkehr, insbesondere durch seinen internationalen Charakter, für die Kreditinstitute eine gewisse werbende Wirkung. Er kommt darüber hinaus ihrem Interesse an einem bargeldlosen Zahlungsverkehr entgegen, indem er dem Reiseverkehr solche Barmittel entzieht, deren Verwendung von dem Reisenden erst für die — bei längeren Reisen evtl. sehr entfernte — Zukunft in Aussicht genommen ist. Der Umfang der dem Verkehr auf diese Weise entzogenen Barmittel ist in einer Zeit ständig wachsenden Reiseverkehrs beträchtlich[3]. Den Kreditinstituten kommt damit zugleich der Zinsnutzen dieser wenn auch im allgemeinen nur kurzfristigen Gelder zugute[4].

---

[2] *Stanzl*, Wechsel-, Scheck- und sonstiges Wertpapierrecht, Graz-Köln 1957, S. 155; *Justat* u. *Maurer*, Rechtsfragen des Reiseschecks, in: ZKW 1956, S. 155.

[3] Die American Express Company z. B. hat im Reisescheckgeschäft einen jährlichen Umsatz von $ 200 000 000,—, vgl. N. N., Negotiability of Travelers Checks, in: Yale L. J. Bd. 47, S. 470 N. 4. — Von den deutschen Privatbanken wurden in der Zeit von Mitte 1957 bis 1962 über 12,4 Mill. DM-Reiseschecks im Gesamtwert von 1,5 Milliarden DM ausgegeben, vgl. *Bösel*, Rationalisierung des Reisescheckgeschäftes, in: Bank-Betrieb 1962, S. 60.

[4] *Koch*, Banken und Bankgeschäfte, Jena 1931, S. 278.

II. Die Entwicklung des Reisescheckverkehrs

1. Allgemeine Entwicklung

Wie alle Einrichtungen des Zahlungsverkehrs ist der Reisescheck aus der Praxis hervorgegangen. Er entstand aus ihrem Bedürfnis nach einem sicheren und zugleich praktikablen Mittel des Geldtransportes.

Allerdings hatte es schon vor dem Reisescheck Papiere gegeben, die der Sicherheit des Zahlungsverkehrs dienten. In früheren Zeiten erfüllte diese Aufgabe der Wechsel in seiner ursprünglichen Form[5], während sie später, nachdem der Wechsel zu einem Kreditmittel geworden war, vom Kreditbrief, insbesondere dem Reisekreditbrief, übernommen wurde. Dieser löste jedoch das Problem, die Mittel zur Bestreitung der Reisekosten zugleich sicher und jederzeit verfügbar zu halten, nicht zufriedenstellend. Der Kreditbrief bot zwar Sicherheit, seine Einlösung war aber an bestimmte Plätze gebunden, an denen die ausgebende Bank Geschäftsbeziehungen zu befreundeten Banken unterhielt. Das Abweichen von einer einmal gewählten Reiseroute konnte daher den Inhaber des Kreditbriefes in Verlegenheit bringen: entweder mußte er sich mit den notwendigen Barmitteln versorgen und nun wieder das Verlustrisiko auf sich nehmen, oder er lief Gefahr, daß der Kreditbrief im Bedarfsfalle an solchen Orten, an denen sich keine Korrespondenzbanken des ausgebenden Kreditinstitutes befanden, nicht eingelöst wurde. Außerdem war der Kreditbrief nicht übertragbar und bot deshalb nur eine begrenzte Verwendungsmöglichkeit[6].

Diese Nachteile des Kreditbriefes veranlaßten den Präsidenten der American Express Company, New York[7], J. C. *Fargo,* auf Grund eigener schlechter Erfahrungen, die er anläßlich einer Reise nach Europa im Jahre 1890 mit dem Kreditbrief gemacht hatte, einen Angestellten der von ihm geleiteten Gesellschaft namens M. A. *Berry* mit der Anfertigung einer Studie darüber zu beauftragen, auf welchem Wege sich das Problem — Sicherheit verbunden mit jederzeitiger Verfüg-

---

[5] Auf die Verwandtschaft des Reiseschecks mit dem Wechsel früherer Zeit, der den reisenden Kaufleuten wegen der Unsicherheit auf den Landstraßen die Mitnahme von barem Gelde ersparen sollte (vgl. *Obst-Hintner,* Geld-, Bank- und Börsenwesen, Stuttgart 1963, S. 78) weist auch *Valèry,* Des chèques en droit français, Paris 1936, S. 75, N. 1, hin; vgl. auch *Despax,* Les travellers chèques, in: Rev. trim. droit. comm. 1957, S. 325.

[6] Vgl. *Despax,* Les travellers chèques, a. a. O., S. 326. *De Semo,* Il codice di commercio commentato, Della cambiale e dell' assegno bancario, Turin 1935, S. 703.

[7] Die American Express Company ist keine Bank, sondern eine im Jahre 1850 gegründete Speditions- und Reisebüro-Gesellschaft, vgl. *Leysen,* Le chèque touristique américain, in: Rev. Banque 1951, S. 246.

barkeit des Geldes — entsprechend den Bedürfnissen des Reiseverkehrs zufriedenstellend lösen ließ. Das Ergebnis dieser Studie war der Travelers Cheque der American Express Company, den die Gesellschaft im Jahre 1891 einführte[8]. Vom Kreditbrief war für dieses Papier das Prinzip der Identitätsfeststellung durch die doppelte Unterschriftsleistung übernommen worden. Gegenüber jenem hatte das neugeschaffene Instrument des Zahlungsverkehrs aber nicht nur den Vorzug, daß es mit der Sicherheit zugleich eine größere Beweglichkeit für den Inhaber verband. Darüber hinaus hatte es für den Reisenden den Vorteil größerer Bequemlichkeit und leichterer Handhabung, während es für die ausgebende Gesellschaft eine Verringerung der Herstellungskosten und eine Einschränkung der Fälschungsgefahr mit sich brachte[9].

Nach Ablauf der dem Travelers Cheque der American Express Company zunächst eingeräumten Schutzfrist wurde er seiner Vorteile wegen bald von Banken in aller Welt übernommen. Auch Schiffahrtsgesellschaften — wie z. B. die Cunard Line und die International Mercantile Marine Company[10] — beteiligten sich an diesem Geschäft und gaben für ihre Passagiere Reiseschecks aus. In Europa wurde er bereits vor 1914 benutzt[11]. Im Laufe der Jahre hat der Reisescheck den Kreditbrief mehr und mehr verdrängt, so daß er heute fast ganz an die Stelle des letzteren getreten ist[12]. Dabei hat der Reisescheckverkehr mit dem wachsenden Reiseverkehr und der Wiederbelebung der Handelsbeziehungen in den Nachkriegsjahren ständig zugenommen[13]. Diese ansteigende Entwicklung im Reisescheckverkehr, die durch eine intensive Werbung seitens der Kreditinstitute unterstützt wird, ist auch weiterhin zu beobachten.

---

[8] HdwB. d. Bankwesens, a. a. O., S. 15; vgl. auch *Despax,* Les travellers chèques, in: Rev. trim. droit comm. 1957, S. 326 Nr. 6; *Leysen,* Le chèque touristique américain, in: Rev. Banque 1951, S. 246. — Im einzelnen beruhen die Angaben über die Entstehung des Reiseschecks auf einer Auskunft der American Express Company, Hamburg.

[9] Vgl. *Feske,* Reisekreditbrief, in: Hdwb. d. Betriebswirtschaft Bd. III, Stuttgart 1960, Sp. 4638.

[10] *Dyckerhoff,* Die Steuerpflicht ausländischer Schecks, in: BankA. 1925/26, S. 80.

[11] *Leysen,* Le chèque touristique américain, in: Rev. Banque 1951, S. 245.

[12] *Trost-Schütz,* Bankgeschäftliches Formularbuch, Berlin 1963, S. 395; vgl. auch *Despax,* Les travellers chèques, in: Rev. trim. droit comm. 1957, S. 342, und *Mossa,* Lo check e l'assegno circolare secondo la nuova legge, Mailand 1939, S. 499. — Der Kreditbrief wird noch bevorzugt, wenn der Reisende sich mit einer hohen Summe ausrüsten muß, vgl. Bertling, Die Kriminalität im bargeldlosen und bargeldsparenden Zahlungsverkehr, Hamburg 1959, S. 93. — In England hat der Reisescheck auch die circular note verdrängt, vgl. *Chorley,* Law of Banking, London 1957, S. 212.

[13] Vgl. *Sereni,* L'assegno turistico americano, in: Banca, borsa, titoli 1950 I, S. 46; N. N., Negotiability of Travelers Checks, in: Yale L. J. Bd. 47, S. 470.

2. Entwicklung in Deutschland

In Deutschland waren es zunächst Schiffahrtsgesellschaften, die Reiseschecks für ihre Passagiere einführten. Bekannt waren die Reiseschecks des Norddeutschen Lloyd und der Hapag, die bereits am Anfang des Jahrhunderts in den Verkehr gebracht wurden[14]. Zwischen den beiden Weltkriegen fand für den Verkehr zwischen dem Ausland und Deutschland der Reisescheck in der Form des sog. Registermarkschecks weite Verbreitung[15]. Er wurde auf Guthaben bei der Reichsbank gezogen, die auf Grund der Stillhalteabkommen zugunsten eines „registrierten Berechtigten" angelegt werden konnten (Registerguthaben)[16]. Für den innerdeutschen Verkehr übernahm die Post zum ersten Mal die Einrichtung des Reiseschecks. Sie gab vor dem zweiten Weltkrieg den sog. Postreisescheck aus, der bei allen deutschen Postanstalten eingelöst werden konnte[17]. Er hat jedoch seit der Einführung des Postspardienstes völlig an Bedeutung verloren.

Die deutschen Kreditinstitute begannen mit der Emission eigener Reiseschecks erst nach dem letzten Krieg. Das Kreditbriefgeschäft erfüllte bei ihnen bis dahin die Aufgabe, den Reisenden vom Risiko der Bargeldmitnahme zu befreien. Es ist jedoch heute auch in Deutschland weitgehend durch die Ausgabe von Reiseschecks ersetzt worden[18]. Von den Großbanken wurden erstmalig 1953 eigene Reiseschecks ausgegeben[19]. Als die Verwendung von Reiseschecks erheblich zunahm, erwies es sich als zweckmäßig, den deutschen Reisescheck, der schließlich in über 40 Emissionen von Banken, Sparkassen und Kreditgenossenschaften in Verkehr gebracht wurde[20], zu vereinheitlichen, um das Einlösungsgeschäft zu erleichtern. Im März 1957 vereinbarten daher die Spitzenverbände des deutschen Kreditgewerbes — der Bundesverband des privaten Bankgewerbes, der Deutsche Sparkassen- und Giroverband und die Deutsche Genossenschaftskasse — die Ausgabe des einheitlichen DM-Reiseschecks[21]. Dieser ist heute in Gebrauch.

---

[14] *Mampe*, Unterliegen die internationalen Reiseschecks des Norddeutschen Lloyd der Wechselstempelsteuer, in: BankA. 1908/09, S. 340.

[15] Vgl. *Obst-Hintner*, Geld-, Bank- und Börsenwesen, Stuttgart 1955, S. 90.

[16] Vgl. *Ulmer*, Das Recht der Wertpapiere, Stuttgart-Berlin 1938, S. 303.

[17] *Obst-Hintner*, Geld-, Bank- und Börsenwesen, Stuttgart 1955, S. 90.

[18] *Feske*, Reisekreditbrief, in: Hdwb. d. Betriebswirtschaft, Bd. III, a. a. O., Sp. 4638.

[19] Lt. Auskunft des Bundesverbandes des privaten Bankgewerbes.

[20] Vgl. *Käser*, Rechtliche Aspekte des einheitlichen DM-Reiseschecks, in: ZKW 1962, S. 399.

[21] *Trost-Schütz*, Bankgeschäftliches Formularbuch, a. a. O., S. 394.

B. Der DM-Reisescheckverkehr

I. Die Grundlage

Der Reisescheckverkehr ist weder gesetzlich geregelt noch finden sich hierüber Bestimmungen in den allgemeinen Geschäftsbedingungen der Banken oder Sparkassen[1]. Grundlage des DM-Reisescheckverkehrs ist vielmehr die im März 1957 zwischen den genannten Spitzenverbänden des deutschen Kreditgewerbes getroffene Vereinbarung. Sie enthält neben einigen allgemeinen Bemerkungen über den deutschen Reisescheck Richtlinien für die Einlösung, für die Verrechnung der Gegenwerte und für den Fall des Verlustes oder Diebstahls[2]. Für die Ausgestaltung des Verfahrens im einzelnen läßt die Vereinbarung den Kreditinstituten Spielraum. Diese geben daher im allgemeinen besondere Ausgabe- und Einlösungsrichtlinien heraus, die zusammen mit den jeweiligen internen Organisationsanweisungen die oben erwähnte Vereinbarung als Grundlage des Reisescheckverkehrs ergänzen. Soweit diese Richtlinien voneinander abweichen, sind die Unterschiede nicht wesentlich. Es liegt im Interesse einer schnellen und reibungslosen Abwicklung des Reisescheckverkehrs, möglichst einheitlich zu verfahren. Auf Grund der im Rahmen dieser Untersuchung angestellten Ermittlungen lassen sich über die Praxis des DM-Reisescheckverkehrs die folgenden Feststellungen treffen[3].

II. Das Formular

Der einheitliche DM-Reisescheck hat folgenden Wortlaut[4]:

— DM-Reisescheck —

Gültig 12 Monate LZB. Nr. .... Nr. ....

Name und Domizil des Emissionsinstitutes

Zahlen Sie gegen diesen Scheck an die Order von — Pay against this cheque to the order of — Payez contre ce chèque à l'ordre de 50 DM
Fünfzig Deutsche Mark

....
Ausgabestelle

....
Ort Datum Gegenzeichnung Namenszeichnung

---

[1] Lediglich die Mustersatzung der Sparkassen erwähnt den Reisescheck im § 17 Abs. 3, der die Befugnis, Reiseschecks „auszustellen", ausspricht.

[2] Die Vereinbarung, als „Merkblatt für die Einlösung der einheitlichen DM-Reiseschecks deutscher Kreditinstitute" bezeichnet, ist im Anhang auszugsweise im Wortlaut wiedergegeben.

[3] Sie beruhen auf den Gebrauchsrichtlinien einer deutschen Großbank, die die allgemein gültigen Richtlinien für den DM-Reisescheckverkehr einschließen, in Verbindung mit Auskünften, die dem Verfasser von Sachbearbeitern dieser Bank erteilt wurden und auf den für die deutsche Sparkassenorganisation geltenden Verfahrensgrundsätzen.

[4] Vgl. auch die Abbildung im Anhang.

In der äußeren Gestalt hat der Reisescheck eine gewisse Ähnlichkeit mit der Banknote; denn er ist wie diese mit besonderen Schutzmerkmalen versehen, die Fälschungen unmöglich machen sollen, und wird ebenfalls in festen Werten ausgegeben, und zwar in dreifacher Stückelung: 50,— DM (in rötlicher Grundfarbe), 100,— DM (in grüner Grundfarbe) und 500,— DM (in blau-violetter Grundfarbe).

Die von den deutschen Kreditinstituten in einheitlicher Form ausgegebenen Reiseschecks unterscheiden sich lediglich durch die Benennung des jeweiligen Emissionsinstitutes mit dem entsprechenden Firmenzeichen auf der linken Seite des Formulars[5].

III. Die Beteiligten

Am Reisescheckverkehr sind beteiligt:

1. *Das Emissionsinstitut.* Es handelt sich stets um ein Kreditinstitut[6], das die Reiseschecks unter seinem Namen in den Verkehr bringt.

2. *Die Ausgabestelle.* Hierunter ist das Kreditinstitut zu verstehen, das die Reiseschecks unmittelbar an den interessierten Kunden ausgibt. Sehr häufig ist dies eine mit dem Emissionsinstitut in Geschäftsverbindung stehende Korrespondenzbank. Ferner bedient sich das Emissionsinstitut seiner Zweigstellen als Ausgabestellen. Da das Emissionsinstitut regelmäßig auch selbst als Ausgabestelle auftritt, ist eine besondere Ausgabestelle nicht notwendig am Reisescheckverkehr beteiligt.

3. *Der Berechtigte.* Dies ist normalerweise der erste Erwerber. Da der deutsche Reisescheck übertragbar ist, kommt aber auch ein Dritterwerber als Berechtigter in Betracht, wobei es sich vor allem um Hotels, Pensionen, Gaststätten, Reisebüros und Fluggesellschaften, in geringerem Maße wohl auch um Einzelhandelsgeschäfte handeln wird, die die Reiseschecks in Zahlung nehmen[7].

---

[5] Im privaten Bankgewerbe treten lt. Auskunft des Bundesverbandes nach dem Stande vom 1. 3. 1959 57 Banken als Emissionsinstitute auf. Den Hauptanteil am Umsatz dürften dabei die Großbanken haben.

In der Sparkassenorganisation fungiert die Deutsche Girozentrale — Deutsche Kommunalbank, für die Genossenschaftskassen die Deutsche Genossenschaftskasse in Frankfurt als Emissionsinstitut.

[6] Anders im Ausland, wo auch Unternehmungen, die nicht Kreditinstitute sind, wie z. B. die American Express Company, Reiseschecks ausgeben.

[7] Eine besondere Vereinbarung ist hierüber zwischen den Spitzenverbänden der deutschen Kreditinstitute mit den Mitgliedern des Deutschen Hotel- und Gaststättenverbandes getroffen worden, in der die Spitzenverbände des Kreditgewerbes eine Garantieerklärung für die Honorierung abgegeben haben, vgl. Hahn, Sind Spezialschecks und Goldzertifikate Geldersatz, in: BlGenW 1960, S. 142 N. 15.

4. *Die Einlösungsstelle.* Sie zahlt den Wert des Reiseschecks gegen Aushändigung des Papiers in bar aus. Als Einlösungsstellen fungieren wiederum Korrespondenzbanken des Emisssionsinstitutes am Reiseziel des Erwerbers. Jedoch ist auf die deutschen Reiseschecks auch von solchen Kreditinstituten Zahlung zu erlangen, die mit dem Emissionsinstitut nicht in Geschäftsverbindung stehen.

IV. Das Verfahren

1. Ausgabe

Die Emissionsinstitute sind daran interessiert, ihre Reiseschecks einem möglichst großen Kundenkreis zugänglich zu machen. Sie treffen daher mit ihren Korrespondenzbanken im In- und Ausland Vereinbarungen über die Ausgabe ihrer Reiseschecks. Diese kommen in der Regel dadurch zustande, daß das Emissionsinstitut seiner Korrespondenzbank die Gebrauchsrichtlinien für die von ihm herausgegebenen Reiseschecks mit der Aufforderung übersendet, seine Reiseschecks an interessierte Kunden auszugeben. Regelmäßig wird die Korrespondenzbank dieser Aufforderung nachkommen und übernimmt damit die Ausgabe der Reiseschecks zu den in den Richtlinien enthaltenen Bedingungen. Ihm wird dann ein Vorrat der betreffenden Reiseschecks zur Verfügung gestellt, der in das Konsignationsdepot genommen und vom Emissionsinstitut bei Bedarf aufgefüllt wird. Auf diese Weise schaffen sich die Emissionsinstitute ein internationales Netz von Ausgabestellen und bringen damit ihre Reiseschecks auf breitester Grundlage in den Verkehr. Der Ausländer kann sich so des DM-Reiseschecks für Reisen nach Deutschland ebenso bedienen[8] wie der Einheimische bei Reisen ins Ausland und im Inland[9].

Wer Reiseschecks erwerben will, hat zu diesem Zweck bei der Ausgabestelle einen schriftlichen Antrag auszufüllen. Gegen Einzahlung des Gegenwertes oder Belastung seines Kontos werden ihm daraufhin die Reiseschecks, die in einem Heft zusammengefaßt sind, ausgehändigt. Dieses Heft enthält außerdem regelmäßig Hinweise für die Handhabung der Reiseschecks und ferner zu Kontrollzwecken einen Vordruck, auf dem die wichtigsten Daten, wie Schecknummern, Aus-

[8] Die Befugnis der deutschen Kreditinstitute, DM-Reiseschecks bei ausländischen Banken zu deponieren, beruht auf der Allgemeinen Genehmigung 90/59, vgl. *Trost-Schütz*, Bankgeschäftliches Formularbuch, Berlin 1959, S. 331.

[9] Wenn auch der DM-Reisescheck von ausländischen Banken eingelöst wird, so wird man es bei Reisen ins Ausland doch im allgemeinen vorziehen, die betreffenden ausländischen Reiseschecks zu erwerben, die bei den deutschen Korrespondenzbanken ausländischer Kreditinstitute zur Verfügung stehen.

gabe- und Einlösungsstelle, und die entsprechenden zeitlichen Angaben eingetragen werden können[10].

Bei Empfang hat der Erwerber jeden einzelnen Reisescheck in Gegenwart des Schalterbeamten an der dafür vorgesehenen Stelle (Namenszeichnung) zum ersten Mal zu unterschreiben. Der Schalterbeamte versieht die Reiseschecks zuvor mit dem Stempel der Ausgabestelle an dem dafür vorgesehenen Platz und trägt Ort und Datum der Ausgabe ein. Die Aushändigung eines Verzeichnisses der Einlösungsstellen erübrigt sich, da die Einlösbarkeit des DM-Reiseschecks nicht auf bestimmte Einlösungsstellen beschränkt ist. Die Ausgabe erfolgt im Inland provisionsfrei. Im Ausland wird dagegen vom Erwerber eine Verkaufsprovision erhoben, deren Höhe unterschiedlich ist (z. B. ½ %). Sie setzt sich aus der Provision der Korrespondenzbank und dem Provisionsanteil des Emissionsinstitutes zusammen.

2. *Einlösung*

Die für die Einlösung des Reiseschecks geltenden Richtlinien verfolgen den Zweck, die einwandfreie Identitätsfeststellung des Berechtigten zu gewährleisten und damit Zahlungen an einen Nichtberechtigten zu verhindern. Dementsprechend wird von den Kreditinstituten bei der Einlösung — im Inland provisionsfrei[11], im Ausland gegen eine Einlösungsprovision in usancenmäßiger Höhe — unterschiedlich verfahren, je nachdem ob der Reisescheck vom ersten Erwerber oder von einem nachfolgenden Erwerber zur Zahlung vorgelegt wird.

a) Einlösung bei Vorlage durch den Ersterwerber

Legt der erste Erwerber den Reisescheck zur Einlösung vor, so hat er diesen in Gegenwart des Schalterbeamten der Einlösungsstelle in dem mit „Gegenzeichnung" bezeichneten Feld zu unterschreiben. Manche Kreditinstitute verlangen bei der Einlösung außerdem auch einen Übertragungsvermerk auf der Rückseite des Reiseschecks. Die Orderzeile des DM-Reiseschecks wird bei der Einlösung im allgemeinen nicht ausgefüllt[12]. Der Berechtigte hat sich zusätzlich durch seinen Paß oder Lichtbild-Ausweis zu legitimieren. Der Schalterbeamte hat daraufhin die Übereinstimmung der vor ihm geleisteten Unterschrift mit der vom Erwerber beim Empfang des Reiseschecks vollzogenen

[10] Den Wortlaut solcher Hinweise vgl. z. B. bei *Käser*, Rechtliche Aspekte des einheitlichen DM-Reiseschecks, in: ZKW 1962, S. 399.

[11] Vgl. *Trost-Schütz*, Bankgeschäftliches Formularbuch; Berlin 1963, S. 394.

[12] Dies ist überwiegend auch in den USA zu beobachten; vgl. N. N., Negotiability of Travelers Checks, in: Yale L. J. Bd. 47, S. 474, N. 23. In Deutschland aber abweichend die Praxis in der Sparkassenorganisation, nach deren Grundsätzen in der Orderzeile der Name der Einlösungsstelle einzusetzen ist.

Unterschrift und mit dem Namenszug im vorgelegten Paß oder Ausweis festzustellen. Die Einlösung zugunsten des Berechtigten wird auf diese Weise zweifach gesichert. Beachtet der Erwerber die Empfehlung des Emissionsinstitutes, seine Reiseschecks aus Sicherheitsgründen vom Reisepaß und anderen Ausweispapieren getrennt aufzubewahren, ist die Möglichkeit, daß ein Nichtberechtigter sowohl in den Besitz des Reiseschecks als auch der Ausweispapiere gelangt, weitgehend ausgeschlossen. Auf Grund einer den Richtlinien entsprechenden Legitimationsprüfung kann somit der Schalterbeamte der einlösenden Stelle davon ausgehen, daß er den berechtigten Erwerber des Reiseschecks vor sich hat. Der Schalterbeamte hat aber ferner auch zu prüfen, ob der ihm vorgelegte Reisescheck echt ist, ob er Rasuren, Verfärbungen oder sonstige Veränderungen aufweist. Soweit ihm Originalmuster vorliegen, ist er durch einen Vergleich in der Lage, die Echtheit oder Unechtheit festzustellen.

Es kommt hin und wieder vor, daß ein Reisescheck, der zur Einlösung eingereicht wird, entgegen den Anweisungen des Emissionsinstitutes bereits zum zweiten Mal unterschrieben ist. Für diesen Fall sehen die Richtlinien vor, daß die Unterschrift vom Vorleger auf der Rückseite des Reiseschecks in Gegenwart des Schalterbeamten wiederholt wird. Die Möglichkeit der Legitimationsprüfung durch Unterschriftenvergleich bleibt dadurch erhalten.

Anders ist es allerdings, wenn ein Reisescheck unter Nichtbeachtung der Richtlinien bei der Ausgabe nicht in Gegenwart des Schalterbeamten unterschrieben wird. Hier kann der dem Reisescheck eigentümliche Legitimationsnachweis nicht geführt werden. Ein so beschaffener Reisescheck wird daher von der Einlösungsstelle nicht honoriert, sondern lediglich zum Inkasso hereingenommen. Ebenso werden die Kreditinstitute im allgemeinen auch dann verfahren, wenn der vorgelegte Reisescheck sonst Formfehler aufweist, z. B. wenn versehentlich Ort und Tag der Ausgabe auf dem Scheck nicht vermerkt wurden. Da der Inkassoauftrag mit zeitlichen Verzögerungen verbunden ist, der Reisende aber stets daran interessiert sein wird, sofort bares Geld ausbezahlt zu bekommen, kann der Reisescheck in diesen Fällen seine Aufgabe nicht erfüllen[13]. Die Emissionsinstitute weisen deshalb immer wieder auf die Notwendigkeit genauer Beachtung ihrer Gebrauchsrichtlinien hin.

Unbenutzte Reiseschecks sind der Ausgabestelle zurückzureichen. Sie erstattet den Gegenwert ohne Berechnung von Gebühren.

---

[13] Vgl. *Justat* u. *Maurer*, Rechtsfragen des Reiseschecks, in: ZKW 1956, S. 156.

b) Einlösung bei Vorlage durch einen Dritterwerber

Wird der Reisescheck nicht vom ersten Erwerber zur Einlösung vorgelegt, sondern hat dieser ihn inzwischen an einen Dritten übertragen, und begehrt nunmehr der Dritterwerber die Honorierung durch die Einlösungsstelle, so besteht ebenfalls keine Möglichkeit, die Berechtigung des Vorlegers mit der erforderlichen Sicherheit festzustellen. Da die Zweitunterschrift des ersten Erwerbers nicht vor dem Schalterbeamten geleistet wurde, ist für diesen nicht ersichtlich, ob der Vorleger zur Einlösung des Reiseschecks berechtigt ist. Er hat auch keine Möglichkeit nachzuprüfen, ob die Gebrauchsrichtlinien im übrigen beachtet wurden. Für diesen Fall wird deshalb vorgeschrieben, daß der Reisescheck nur dann einzulösen ist, wenn der Einreicher der Einlösungsstelle durch sein Giro haftet.

Je nach den Gegebenheiten im Einzelfall wird auch in folgender Weise verfahren: Unterhält der betreffende Einreicher bei der Einlösungsstelle ein Konto, so erfolgt eine Gutschrift des Reisescheckbetrages nur unter dem ausdrücklichen Vorbehalt der Rückbelastung für den Fall, daß die Einlösungsstelle selbst wegen mangelnder Berechtigung des Vorlegers in Anspruch genommen wird. Fehlt es — mangels eines Kontos des Einreichers — an einer Möglichkeit der unmittelbaren Rückbelastung, so wird die Übernahme der Haftung durch das Giro des Einreichers nur dann als ausreichende Sicherheit angesehen, wenn dieser der Einlösungsstelle als zahlungsfähig bekannt ist. Handelt es sich jedoch um einen ihr gänzlich unbekannten Vorleger, wird der Reisescheck nicht eingelöst, sondern lediglich zum Inkasso hereingenommen[14]. Hiervon wird nur dann eine Ausnahme gemacht, wenn der betreffende unbekannte Einreicher durch einen guten Kunden eingeführt wird, der seinerseits die Haftung übernimmt. Falls der vorgelegte Reisescheck mehrmals übertragen wurde, ist selbstverständlich auch zu prüfen, ob die Indossamentenkette lückenlos ist.

c) Einlösung nach Ablauf der Gültigkeitsfrist

Die Einlösungsrichtlinien für den DM-Reisescheck sehen ferner vor, daß die Reiseschecks nur innerhalb von 12 Monaten, vom Ausgabetag an gerechnet, eingelöst werden können. Die Bindung der Einlösbarkeit an die 12monatige Frist bezweckt, das Risiko, das auch unbenutzte Reiseschecks immer noch darstellen, zeitlich zu begrenzen. Denn

---

[14] Auch die amerikanischen Banken sind bei der Einlösung von übertragenen Reiseschecks sehr zurückhaltend und nehmen solche Schecks gewöhnlich nur zum Inkasso an, vgl. Sereni, L'assegno turistico americano, in: Banca, borsa, titoli 1950 I, S. 53.

je länger ein Reisescheck unverwertet im Verkehr ist, um so größer ist die Gefahr, daß er in Verlust gerät und in unrechtmäßige Hände fällt. Außerdem wird mit der Gültigkeitsbegrenzung erreicht, daß im Falle des Verlustes nach einer bestimmten Frist der Reisescheck — sofern er in unrechtmäßige Hände gekommen sein sollte — nicht mehr verwertet werden kann, so daß andererseits der beim Emissionsinstitut vorhandene Gegenwert nach Ablauf der Frist an den berechtigten Erwerber wieder ausgezahlt werden kann. Die Einlösungsstellen werden die Annahme „abgelaufener" Reiseschecks regelmäßig verweigern, um sich nicht — falls die Haftungsfrage entstehen sollte — die Nichtbeachtung der Einlösungsrichtlinien vom Emissionsinstitut entgegenhalten lassen zu müssen.

3. Übertragung

Für die Übertragung des Reiseschecks auf einen Dritten enthalten die Richtlinien der Kreditinstitute keine besonderen Hinweise. Hier ist daher ebenso zu verfahren wie im Falle der Vorlegung bei einer Bank, d. h. der erste Erwerber hat den Reisescheck gegenzuzeichnen. Hinzukommen muß aber ein Übertragungsvermerk zugunsten desjenigen, der den Reisescheck in Zahlung nimmt. Hierzu kann die Orderzeile im Text des DM-Reiseschecks verwandt werden, die bei der Ausgabe an den ersten Erwerber stets unausgefüllt bleibt. Häufig wird die Orderzeile aber auch nicht gebraucht und der Übertragungsvermerk auf die Rückseite des Reiseschecks gesetzt[15].

4. Abrechnung

Intern erfordert das Reisescheckverfahren eine Abrechnung zwischen den beteiligten Kreditinstituten.

a) Abrechnung zwischen Emissionsinstitut und Ausgabestelle

Zunächst muß über die Ausgabe der Reiseschecks — sofern sie nicht durch das Emissionsinstitut selbst erfolgte — zwischen der jeweiligen Korrespondenzbank, die als Ausgabestelle aufgetreten ist, und dem Emissionsinstitut abgerechnet werden. Hierbei werden in der Praxis zwei verschiedene Verfahren angewandt: das Avisierungsverfahren und das Belastungsverfahren. Die Bestimmung darüber, auf welchem dieser beiden Wege die Abrechnung erfolgen soll, trifft das betref-

---

[15] Vgl. Hdwb. d. Bankwesens, a. a. O., S. 16. Die gleiche Praxis besteht auch im Ausland, vgl. *Thomson,* Dictionary of Banking, London 1939, S. 642. Nach *Justat* u. *Maurer,* Rechtsfragen des Reiseschecks, in: ZKW 1956, S. 156, und *Käser,* Rechtliche Aspekte des einheitlichen DM-Reiseschecks, in: ZKW 1962, S. 400, sind aber Indossamente im Reisescheckverkehr selten.

fende Emissionsinstitut in seinen für die Korrespondenzbanken bestimmten Richtlinien.

Im *Avisierungsverfahren* hat die Korrespondenzbank dem Emissionsinstitut die Ausgabe der Reiseschecks unter Angabe der jeweiligen Schecknummern und des Erwerbers zu avisieren. Auf Grund des Avises belastet darauf das Emissionsinstitut das Konto des Korrespondenten mit dem Gegenwert der ausgegebenen Reiseschecks, den dieser von dem betreffenden Erwerber erhalten hat. Bei diesem Verfahren führt das Emissionsinstitut selbst die Kontrolle über die im Verkehr befindlichen Reiseschecks ihrer Emission. Es ist dementsprechend mit der erforderlichen Verwaltungsarbeit belastet, kommt aber andererseits durch die sofortige Gutschrift der Scheckbeträge in den Genuß des entstehenden Zinsnutzens.

Im *Belastungsverfahren* wird dem Emissionsinstitut die Ausgabe der Reiseschecks durch die Korrespondenzbank nicht avisiert. Hier erfolgt die Abrechnung zwischen diesen beiden Kreditinstituten erst dann, wenn der ausgegebene Reisescheck bei dem Emissionsinstitut wieder vorkommt, d. h. wenn er diesem von der Einlösungsstelle vorgelegt oder auch direkt vom Erwerber zur Honorierung eingereicht wird. Das Emissionsinstitut ersieht aus dem Stempel auf dem Reisescheck und aus den Schecknummern — die bei Übersendung der Reisescheckformulare an die Ausgabestelle vermerkt werden — durch welche Korrespondenzbank die Ausgabe erfolgte. Auf Grund dieser Feststellung ist das Emissionsinstitut in der Lage, das Konto der betreffenden Ausgabestelle, der die entwerteten Reiseschecks übersandt werden, zu belasten. Vorteil und Nachteil sind hier umgekehrt verteilt wie beim Avisierungsverfahren. Der Ausgabestelle, die den Gegenwert des Reiseschecks eingezogen hat, kommt der Zinsnutzen bis zur Verwertung des Reiseschecks durch den Erwerber zugute. Das Emissionsinstitut hat dagegen den geringeren Verwaltungsaufwand, da die Kontrolle über die ausgegebenen Reiseschecks von der Ausgabestelle geführt wird.

b) Abrechnung zwischen Emissionsinstitut und Einlösungsstelle

Die Einlösungsstelle tritt gegenüber dem Emissionsinstitut mit dem von ihr auf den Reisescheck ausgezahlten Betrag in Vorlage und muß sich daher bei diesem Deckung verschaffen. Sie hat zu diesem Zweck den eingelösten Reisescheck zu entwerten und auf der Rückseite mit ihrem Firmenstempel zu versehen. Sodann übersendet sie ihn dem Emissionsinstitut unmittelbar zur Honorierung. Im inländischen Verkehr kann der Gegenwert auch auf dem für normale Schecks üblichen Inkassowege über die Deutsche Bundesbank oder die Landeszentralbanken eingezogen werden. Der DM-Reisescheck ist dabei für das vereinfachte Scheckeinzugsverfahren zugelassen. Das bedeutet, daß die DM-Reiseschecks inländischer Kreditinstitute von der Deutschen Bundesbank und den Landeszentralbanken ohne Unterschrift unter dem abgekürzten vorgeschriebenen Indossament (Stempelaufdruck) hereingenommen werden[16]. Die Bundesbank verlangt jedoch die Abgabe einer Erklärung, durch die sich die betreffende Einlösungsstelle verpflichtet, Reiseschecks, die vom Emissionsinstitut nicht honoriert werden, zurückzunehmen[17]. Je nachdem welcher Inkassoweg gewählt wird, erhält somit die Einlösungsstelle die von ihr ausgezahlten Reisescheckbeträge entweder unmittelbar vom Emissionsinstitut oder unter Zwischenschaltung der Bundesbank oder einer Landeszentralbank gutgeschrieben. Hiermit ist der Kreislauf des Reisescheckverkehrs geschlossen.

5. *Sperre*

Im Fall des Verlustes, des Diebstahls oder der Feststellung von Unregelmäßigkeiten, Verfälschungen, unrechtmäßigen Besitzes usw. ist das Emissionsinstitut unter Angabe aller erforderlichen Einzelheiten, insbesondere der Schecknummern und der jeweiligen Beträge, sofort zu unterrichten[18]. Gleichzeitig bestimmen die Richtlinien aber, daß eine Veröffentlichung von Verlustmeldungen nicht erfolgt. Die Kreditinstitute lehnen es ab, für die *Sperre* verlorengegangener oder gestohlener Reiseschecks Sorge zu tragen, weil dieses technisch nicht durchführbar ist. Es kommt so häufig vor, daß Reiseschecks in Verlust geraten, daß es den Einlösungsstellen nicht zugemutet werden kann, alle veröffentlichten Verlustmeldungen zu beachten. Abgesehen hiervon wäre es aber auch gar nicht möglich, jedes Kreditinstitut von der Verlustmeldung in Kenntnis zu setzen, da der DM-Reisescheck überall, vor allem auch im Ausland, zur Zahlung vorgelegt werden kann. Es ist daher ausgeschlossen, durch eine Sperre die Einlösung durch einen Nichtberechtigten zu verhindern. Die Emissionsinstitute werden sich aber im allgemeinen nicht weigern, den Gegenwert der verlorengegangenen Reiseschecks zu erstatten, sofern der Erwerber eine Erklärung abgibt, durch die das Emissionsinstitut von einem evtl. später eintretenden Schaden freigehalten wird.

---

[16] *Trost-Schütz,* Bankgeschäftliches Formularbuch, a. a. O., S. 394.

[17] *Trost-Schütz,* Bankgeschäftliches Formularbuch, a. a. O., S. 394.

[18] Der Erwerber wird hierzu durch die in seinem Reisescheckheft enthaltenen Hinweise angehalten.

C. Der ausländische Reisescheckverkehr

Anders als in Deutschland ist in dem von ausländischen Kreditinstituten getragenen Reisescheckverkehr keine Einheitlichkeit festzustellen. Die ausländischen Emissionsinstitute geben überwiegend eigene Reiseschecks und dementsprechend auch eigene Richtlinien, die auch im Ausland die Grundlage des Reisescheckverkehrs bilden, für ihren Gebrauch heraus. Allerdings bleibt dabei das Reisescheckverfahren so, wie es oben am deutschen Beispiel dargestellt wurde, im Prinzip überall das gleiche. Unterschiede sind nur in der Ausgestaltung der Reisescheckmuster (I) und in einzelnen Hinsichten bei der Abwicklung des Reisescheckgeschäftes (II) festzustellen[1].

I. Die Arten ausländischer Reiseschecks

Ausländische Reisescheckformulare befinden sich in mannigfaltigen Formen im Verkehr. Bei aller äußeren Vielfalt lassen sich jedoch bestimmte Arten von Reiseschecks erkennen. So unterscheidet auch *Dominedò*[2] drei verschiedene Reisechecktypen: den Typ des Schecks (assegno bancario), den Typ des Verpflichtungsscheins (pagherò) und den Typ des angenommenen oder bestätigten Schecks (check accettato o certificato). Für den Bereich der USA werden auch von Williston[3] und Munn[4] drei allgemein gebräuchliche Arten von Reiseschecks genannt. Im Rahmen dieser Untersuchung wurde ein Vergleich europäischer und außereuropäischer Reisescheckformulare vorgenommen, auf Grund dessen sich die folgende Übersicht ergibt[5].

---

[1] Im übrigen sind aber auch im Ausland Tendenzen zur Vereinheitlichung zu beobachten. So geben die Kreditinstitute der skandinavischen Länder den einheitlichen „Nordischen Reisescheck" heraus. Im Jahre 1959 haben sich auch 10 niederländische Banken auf ein gemeinsames Reisescheckformular geeinigt; vgl. ferner auch *Despax*, Les travellers chèques, in: Rev. trim. droit comm. 1957, S. 328 Nr. 9, und *Bösel*, Rationalisierung des Reisescheckgeschäftes, in: Bank-Betrieb 1962, S. 60.

[2] *Dominedò*, Traveller's Check, in: Nuovo Dig. it. Bd. 12, Teil 2 a, Turin 1940, S. 455.

[3] *Williston*, Negotiable Instruments, New York 1931, S. 288; ebenso: N. N., Negotiability of Travelers Checks, in: Yale L. J. Bd. 47, S. 471 N. 6.

[4] *Munn*, Encyclopedia of Banking and Finance, New York 1927, S. 640.

[5] Es wurden etwa 70 Reisescheckmuster auf ihre Ausgestaltung hin untersucht. Die Erfassung sämtlicher Emissionen des Auslandes ist unmöglich, da Anzahl und Namen aller Kreditinstitute, die Reiseschecks emittieren, nicht bekannt sind. Es kann jedoch angenommen werden, daß sich die vorkommenden Unterschiede in den hier dargestellten Arten erschöpfen. Der zugrunde liegende Vergleich zeigte, daß sich die hier beschriebenen Formen wiederholen. Zum anderen führt aber auch die Entwicklung des internationalen Reisescheckverkehrs zu einer Angleichung des Verfahrens und damit auch der Reisescheckmuster. Neu auftretende Emissionsinstitute werden sich stets der bestehenden Praxis anschließen. — Zu den Vereinheitlichungsbestrebungen auf internationaler Ebene vgl. im übrigen: *Bösel*, Rationalisierung des Reisescheckgeschäftes, in: Bank-Betrieb 1962, S. 60.

1. *Unterscheidung nach dem Wortlaut*

Nach ihrem Wortlaut können zunächst sämtliche Reiseschecks in zwei Grundtypen eingeteilt werden. Der Text der vorkommenden Formulare bringt entweder eine *Zahlungsanweisung* oder ein *Zahlungsversprechen* zum Ausdruck. Es handelt sich um Grundtypen, weil sich mit ihnen die übrigen Unterscheidungsmerkmale in dieser oder jener Zusammensetzung verbinden.

a) Reiseschecks mit Anweisungscharakter

Die Reiseschecks, die als Zahlungsanweisung formuliert sind, kommen wiederum in verschiedenen Formen vor.

Die Zahlungsanweisung kann vom Emissionsinstitut an seine Niederlassungen und Agenten bzw. an seine Korrespondenten oder auch an jede andere Bank gerichtet sein[6]. Die Anweisung wird dabei regelmäßig durch einen Direktor (Treasurer) der Bank ausgestellt, dessen Unterschrift faksimiliert auf das Formular gedruckt ist. Diese Form des Anweisungstyps hat z. B. folgenden Wortlaut[7]:

— U.S. Dollar Travelers Cheque —

When countersigned below with
this signature

....

before cashing write here city
and date

American Express Company
at its paying agencies
Pay this cheque from our
balance to the order of .... $ 20.00

In United States
Twenty Dollars

In all other countries
at current buying rate
for bankers cheque on New York

Countersign here in presence of person cashing

.... (Faksimile)
Treasurer

---

[6] Vgl. *Dominedò*, Traveller's Check, in: Nuovo Dig. it. Bd. 12, Teil 2 a, a. a. O., S. 455; *Williston*, Negotiable Instruments, a. a. O., S. 288; *Despax*, Les travellers chèques, in: Rev. trim. droit comm. 1957, S. 328 Nr. 9; *De Semo*, Il codice di Commercio . . ., a. a. O., S. 704.

[7] Diesen Typ emittieren auch folgende Kreditinstitute: Kreditbank Brüssel, State Bank of USSR und Bank of Foreign Trade, Moskau, Arab Bank Lmtd. Amman, Midland Bank Lmtd. London, British Overseas Bank London. — Die englische Schreibweise ist unterschiedlich: Travelers Cheque, Traveller's Check oder Travellers cheque. Im Rahmen dieser Untersuchung wird die des bekanntesten Formulars, des Travelers Cheque der American Express Company, übernommen.

Die Zahlungsanweisung kann ferner auch von einer Bank an eine bestimmte andere Bank gerichtet sein. Letztere tritt dabei als Emissionsinstitut auf und versieht den Reisescheck mit ihrem Annahme- oder Bestätigungsvermerk. Dieser Typ scheint jedoch seltener zu sein. *Dominedò* nennt als Beispiele die Reiseschecks der American Bankers Association und der Martins Bank Lmtd. Die Formulare der zuerst erwähnten Bank lauten z. B.:

Vorderseite:

American Bankers Association
Bankers Trust Company

When countersigned below
with this signature ....
Pay to the order of.............................. $ 20[00]

Rückseite:

This order is payable without deduction of charges, except stamp tax, out of funds to credit of drawer

....

Bankers Trust Company, N.Y. has certified this cheque and will pay it upon presentation when properly negotiated, or it may be forwarded for reimbursement to
Bankers Trust Comp., London or
Bankers Trust Comp., Paris.

Schließlich kann die im Reisescheck enthaltene Zahlungsanweisung auch von dem Erwerber an das Emissionsinstitut gerichtet sein[8], mit dessen Annahmevermerk durch Faksimile-Unterschrift auch diese Formulare teilweise versehen werden. Hierbei wird die Einlösung häufig nicht ausdrücklich im Text von der mit der ersten Unterschrift übereinstimmenden Gegenzeichnung abhängig gemacht, obwohl auch hier zwei Unterschriften zu leisten sind. Solche Reiseschecks, die offenbar besonders von englischen Banken ausgegeben werden, lauten z. B.[9]:

National Provincial Bank Lmtd. London
Pay self or order .... 50 £
or the equivalent abroad at current rates of exchange.
Faksimile - Unterschrift

b) Reiseschecks mit Zahlungsversprechenscharakter

In der Gruppe von Reiseschecks, die ein Zahlungsversprechen enthalten, sind keine besonderen Arten festzustellen, wenngleich die For-

---

[8] Vgl. *De Semo*, Il codice di commercio . . ., a. a. O., S. 704.

[9] *Dominedò* nennt als weitere Beispiele die Muster der Lloyd's Bank Lmtd., der Barclays Bank Lmtd., der Westminster Bank Lmtd. u. a. Ebenso ohne faksimilierte Unterschrift eines Repräsentanten der Bank der einheitliche Reisescheck 10 niederländischer Banken, der Nordische Reisescheck und der Reisescheck der Banque National de la République fédérative populaire de Yougoslavie.

mulierung des Zahlungsversprechens im Einzelfall unterschiedlich sein kann. Reiseschecks dieser Art haben z. B. folgenden Wortlaut[10]:

When countersigned below
with this sigature ....

Bank of America
through its correspondents
will pay to the order of .... $ 20[00]

Faksimile - Unterschrift

2. Unterscheidung nach der Übertragbarkeit

Die beiden im vorhergehenden dargestellten Grundtypen der Reiseschecks kommen sowohl in übertragbarer Form mit der Orderklausel als auch als unübertragbare Reiseschecks vor. Die Übertragbarkeit wird im letzteren Falle auf dem Reisescheck ausdrücklich ausgeschlossen. Die Bindung des Rechts aus dem Reisescheck an den ersten Erwerber wird auch dadurch zum Ausdruck gebracht, daß dessen Reisepaß-Nummer auf dem Scheck einzutragen ist.[11]. Reiseschecks dieser Art werden offenbar besonders von schweizerischen und italienischen Kreditinstituten bevorzugt.

3. Unterscheidung nach der Begrenzung der Schecksumme

Nach der Begrenzung der Schecksumme können Reiseschecks, die in festen, aufgedruckten Werten ausgegeben werden (limitierte Reiseschecks), und solche, bei denen die Schecksumme je nach Bedarf einzutragen ist (Blankoschecks), unterschieden werden[12]. Im letzteren Falle werden die Reiseschecks aber in der Regel durch einen auf dem Reisescheck angegebenen Höchstbetrag, den der Wert des Reiseschecks nicht übersteigen darf, begrenzt[13]. Ganz überwiegend werden die Reiseschecks in der ersten Form in festen Beträgen bei 2-, 3- oder

---

[10] Vgl. hierzu *Williston,* Negotiable Instruments, a. a. O., S. 288; *Dominedò,* Traveller's Checks, in: Nuovo Dig. it. XII, Teil 2 a, a. a. O., S. 455. Weitere Beispiele für diesen Typ sind die Reiseschecks der First National Bank of Chicago, der First National City Bank of New York, der Rafidain Bank Baghdad, der Swiss Bank Corporation London, der Oesterreichischen Länderbank Wien, der Banque de Bruxelles, der Banca di Napoli und der Banca Commerciale Italiana, Milano.

[11] Unübertragbar sind die Reiseschecks folgender Kreditinstitute: Schweizerische Kreditanstalt Zürich, Banca di Napoli und Banca Commerciale Italiana, Milano. — Auf der 5. internationalen Tagung über Bankorganisationsfragen im Jahre 1961 in Brüssel ist aber empfohlen worden, die Begebbarkeit der Reiseschecks allgemein nicht mehr zu beschränken, vgl. *Bösel,* Rationalisierung des Reisescheckgeschäftes, in: Bank-Betrieb 1962, S. 60.

[12] Ein Beispiel hierfür ist der Reisescheck der Schweizerischen Kreditanstalt, Zürich.

[13] Hdwb. d. Kaufmanns, herausgegeben von K. *Bott,* Hamburg u. Berlin 1927, S. 632.

4facher Stückelung ausgegeben. Die limitierten Reiseschecks sind so vorherrschend, daß der aufgedruckte, feste Wert als wesentliches Merkmal des Reiseschecks bezeichnet wird[14].

4. *Unterscheidung nach der Einlösbarkeit in örtlicher und zeitlicher Hinsicht*

In örtlicher Hinsicht kann die Einlösbarkeit der Reiseschecks dadurch beschränkt sein, daß das Emissionsinstitut die Einlösung nur im jeweiligen Inland oder auch nur in einem bestimmten Raum — z. B. in den Ländern der EZU — zuläßt[15]. Diese Fälle bilden aber, soweit feststellbar, die Ausnahme. In der Regel sind der Einlösbarkeit der Reiseschecks in örtlicher Hinsicht keine Grenzen gesetzt.

Dagegen unterliegt die Einlösung der meisten Reiseschecks einer zeitlichen Beschränkung. Wie auch auf dem DM-Reisescheck wird die Gültigkeitsfrist — z. B. 6 Monate, 1 oder 3 Jahre — auf dem Scheck ausdrücklich genannt. Die Frist läuft im allgemeinen vom Datum der Ausgabe an[16]. Es gibt aber auch zeitlich unbeschränkt einlösbare Reiseschecks, die vor allem bei den Emissionsinstituten in den USA üblich sind[17].

II. Besonderheiten des Verfahrens

In der Abwicklung des von den ausländischen Emissionsinstituten vorgeschriebenen Verfahrens lassen sich Unterschiede gegenüber dem für den DM-Reisescheck beschriebenen nicht in dem Maße feststellen, wie sie in der Ausgestaltung der ausländischen Reisescheckformulare zu erkennen sind. Insoweit kann daher mit Rücksicht auf die weitgehende Übereinstimmung mit der Praxis des DM-Reisescheckverkehrs im wesentlichen auf die Darstellung der dort geltenden Grundsätze verwiesen werden. Jedoch sind für den ausländischen Reisescheckverkehr einige Abweichungen und Besonderheiten hervorzuheben.

1. *Ausgabe*

Eine Besonderheit gegenüber der in Deutschland üblichen Praxis, bei der zwischen dem Emissionsinstitut und dem Erwerber besondere

---

[14] Hdwb. d. Bankwesens, a. a. O., S. 15.

[15] z. B. sind die Reiseschecks der Canadia Bank of Commerce, Toronto, nur in Kanada einlösbar, die der Banca di Napoli nur in Italien.

[16] Eine Ausnahme war der nicht mehr im Verkehr befindliche Reisescheck einer amerikanischen Bank (Knauth, N. & K.), bei dem die 1jährige Gültigkeitsfrist vom Tage der Gegenzeichnung an lief.

[17] z. B. American Express Company, First National Bank of Chicago und Bank of America.

Vertragsbedingungen nicht schriftlich vereinbart werden, zeigt das Verfahren einiger amerikanischer Emissionsinstitute[18]. Sie verlangen bei Ausgabe der Reiseschecks den Abschluß eines besonderen Vertrages, in dem der Erwerber sich zur Beachtung bestimmter Anweisungen beim Gebrauch der Reiseschecks zu verpflichten hat. Er hat zu diesem Zweck eine sog. „purchaser's application form" zu unterschreiben, in der die von ihm zu übernehmenden Verpflichtungen aufgeführt sind und die zugleich seinen Antrag auf Erwerb der gewünschten Reiseschecks enthält. Die „purchaser's application form" der American Express Company lautet z. B.:

„Contract: Purchaser agrees: (1) to sign each cheque (in the upper left-hand corner) at the time of purchase; (2) to sign each cheque (in the lower left-hand corner) only in the presence of the person cashing such cheque; (3) to notify Amexco immediately, at any of its offices, of the serial number of any cheque lost or stolen and circumstances thereof; (4) if purchaser fails to perform the above obligations, or fails to safeguard any cheques against loss or theft or forgery of the countersignature, or parts with any cheques in connection with any game of chance, wager or the like, or any illegal transaction, that Amexco shall not be required to refund or pay to Purchaser or to any holder or other person any value of account of such cheques; (5) Amexco shall not be required to „stop payment" on any cheques for any reason, or be required to refund or pay any value to Purchaser on account of any cheques after such cheques have been countersigned by Purchaser and lost, stolen, negotiated, used or otherwise disposed of, or taken from purchaser; (6) in case of the death or disability of Purchaser any unused cheques may be redeemed at face value, without interest, but only by the duty qualified legal representative of Purchaser on surrender of such cheques and delivery of the necessary documents to Amexco at its office, 65, Broadway, New York 6, N. Y."

Abweichend von dem sonst üblichen Verfahren wird nach den Richtlinien einiger amerikanischer Banken, deren Reiseschecks zeitlich unbegrenzt einlösbar sind, Ort und Datum nicht bei der Ausgabe, sondern erst bei der Verwertung des Reiseschecks auf dem Formular eingetragen. Zur Vereinfachung wird auch vorgeschrieben, daß die Ausgabestelle den Reisescheck nicht mit ihrem Stempel zu versehen hat. Das Emissionsinstitut verzichtet hierauf, da aus den Schecknummern ersichtlich ist, von welcher Korrespondenzbank die später bei ihm vorkommenden Reiseschecks ausgegeben wurden.

Vielfach wird, anders als beim DM-Reisescheck, dem Erwerber ausländischer Reiseschecks bei der Ausgabe eine Liste ausgehändigt, in der die Korrespondenzbanken des Emissionsinstitutes, die die betreffenden Reiseschecks einlösen, aufgeführt sind[19]. Dagegen scheint das

---

[18] z. B. die American Express Company, Bank of America, First National Bank of N. Y.

[19] Vgl. *Thomson*, Dictionary of Banking, a. a. O., S. 643.

früher vom Kreditbrief teilweise übernommene Verfahren, den Erwerber außer den Reiseschecks auch mit einem Einführungsschreiben zu versehen[20], heute auch im Ausland nicht mehr bekannt zu sein.

Schließlich sei auch darauf hingewiesen, daß nach *Munn*[21] von den Banken manchmal der Gegenwert der Reiseschecks vom Erwerber nicht im Zeitpunkt der Ausgabe eingezogen oder dessen Konto belastet wird, sondern erst dann, wenn sie nach der Verwertung wieder zum Emissionsinstitut zurückkehren. *Munn* spricht hier von „guaranteed travelers' cheques". Dieses Verfahren ist für den Erwerber zwar vorteilhafter, es dürfte aber nur sehr selten angewandt werden.

2. *Einlösung*

Bei der Einlösung verlangen viele ausländische Emissionsinstitute — insbesondere in den USA — im Gegensatz zu den für den DM-Reisescheck geltenden Richtlinien für die Prüfung der Legitimation des Vorlegers von der Einlösungsstelle ausdrücklich nur den Vergleich der beiden Unterschriften auf dem Reisescheck. Für den Fall, daß ein Scheck von einem Dritterwerber zur Einlösung vorgelegt wird, fordern aber auch die ausländischen Kreditinstitute eine besonders sorgfältige Legitimationsprüfung und raten zu einem Vorgehen, das dem für den DM-Reisescheck beschriebenen entspricht[22].

3. *Sperre*

Die Durchführung einer Sperre von verlorenen oder als gestohlen gemeldeten Reiseschecks wird auch von den ausländischen Emissionsinstituten im allgemeinen abgelehnt. Es kommt aber auch vereinzelt vor, daß sich ausländische Kreditinstitute bereit erklären, Sperrmaßnahmen einzuleiten, ohne jedoch eine Garantie für ihre Wirksamkeit zu übernehmen. Teilweise geschieht dies auf besonderen Wunsch des Bankkunden gegen Berechnung der entstehenden Kosten.

4. *Ersatz abhanden gekommener Reiseschecks*

Über den Ersatz abhanden gekommener Reiseschecks enthalten die Richtlinien der ausländischen Emissionsinstitute sehr unterschiedliche Bestimmungen. Einige weisen ausdrücklich darauf hin, daß für den

---

[20] Vgl. *Hamel*, Banques et opèrations de Banque Bd. I, Paris 1933, Nr. 691.

[21] *Munn*, Encyclopedia of Banking and Finance, a. a. O., S. 640.

[22] Die Richtlinien der First National City Bank of N. Y. sehen hierüber z. B. folgendes vor:
„We advise against your negotiating the same except when you are satisfied: a) as to the identity of the presentor, b) that the presentor has endorsed the cheque and c) that in case of need the presentor would be readily available to you for purpose of recourse."

[23] z. B. Creditanstalt-Bankverein Wien, Banca di Napoli.

Schaden, der aus einem Verlust oder aus einer mißbräuchlichen Verwertung von Reiseschecks entsteht, keine Haftung übernommen wird[23]. Andererseits wird aber auch zur Werbung für den Gebrauch von Reiseschecks hervorgehoben, daß dem Erwerber abhanden gekommene Abschnitte zum vollen Nominalwert zurückvergütet werden[24]. Die American Express Company und die Bank of America ersetzen solche Schecks sofort nach unverzüglicher Verlustanzeige. Der Erwerber hat zu diesem Zweck ein „Affidavit for Refund" oder „indemnity bond"[25] auszufüllen. Allerdings machen auch diese Kreditinstitute zur Voraussetzung, daß der Erwerber alle von ihm zu beachtenden Sicherungsmaßnahmen beobachtet hat. Andere ausländische Banken ersetzen verlorene Reiseschecks erst dann, wenn die jeweilige Gültigkeitsfrist abgelaufen ist[26], oder gegen Abgabe einer schriftlichen Erklärung, durch die das Emissionsinstitut von einem später evtl. eintretenden Schaden freigehalten wird[27].

D. Die betrügerische Verwendung von Reiseschecks

Wird das von den Emissionsinstituten für die Verwendung ihrer Reiseschecks vorgeschriebene Verfahren von allen Beteiligten sorgfältig beachtet, so wird man sagen können, daß der Gebrauch von Reiseschecks gegenüber der Mitnahme von Barmitteln eine erheblich größere Sicherheit gewährleistet. Denn in den Händen eines unrechtmäßigen Erwerbers stellt der Reisescheck mit Rücksicht auf die besonderen Sicherungen, die das Reisescheckverfahren enthält, doch nur einen sehr bedingten Wert dar[1]. Trotzdem ist die betrügerische Verwendung gestohlener, abhanden gekommener und gefälschter Reiseschecks recht häufig. Die Gründe hierfür sind sowohl in der mit dem wachsenden Reiseverkehr ständig zunehmenden Verwendung von Reiseschecks als auch in der mangelnden Sorgfalt der Beteiligten zu suchen, die sich — wie oft festgestellt wird — nicht an die zu beachtenden Vorsichtsmaßregeln halten[2]. Der Betrug mit Reiseschecks kommt in zwei Formen vor: als betrügerische Verwendung durch Teilfälschung echter Reiseschecks (I) und als Verwertung von Totalfälschungen ganzer Reisescheck-Serien (II).

---

[24] Vgl. z. B. die Werbeschrift der Amexco „American Express Travelers Cheque Reference Guide".

[25] Vgl. *Williston*, Negotiable Instruments, a. a. O., S. 289.

[26] z. B. Creditanstalt-Bankverein Wien.

[27] z. B. Lloyds Bank Lmtd., Amsterdamsche Bank N. V.

[1] *Thomsen*, Strafbare Handlungen mit Reiseschecks, in: Krim. 1955, S. 213.

[2] Vgl. *Bertling*, Die Kriminalität im bargeldlosen und bargeldsparenden Zahlungsverkehr, a. a. O., S. 98.

I. Teilfälschungen

1. Die Täter

Den weitaus größten Umfang der Betrugsfälle im Reisescheckverkehr nehmen die Teilfälschungen oder Verfälschungen ein[3]. Der Wert der vorkommenden verfälschten Reiseschecks wird in die Millionen geschätzt[4]. Bei den Tätern handelt es sich nur selten um Gelegenheitsdiebe. Diese scheuen im allgemeinen das Risiko der Einlösung. Sie besitzen meistens auch nicht die notwendigen Verbindungen zu den Hehlern, um die von ihnen erbeuteten Reiseschecks auf diesem Wege verwerten zu können. Überwiegend sind hier vielmehr international organisierte Diebesbanden zu beobachten, die sich auf Bargeld und Reiseschecks spezialisiert haben[5]. Die Diebe stehen mit den Hehlern, die stets besondere Fähigkeiten in der Verfälschung von Urkunden besitzen und daher die Aufgabe haben, die gestohlenen Reiseschecks einzulösen, in enger Verbindung. Die „Lieferanten" werden entweder prozentual am Erlös beteiligt oder sie erhalten bei Aushändigung der gestohlenen Formulare an den Hehler von diesem einen Kaufpreis in Höhe von etwa 10—20 % des Nennwertes der Reiseschecks[6].

2. Die Arten

Bei der betrügerischen Verwertung von Reiseschecks werden verschiedene Möglichkeiten beobachtet.

Vielfach werden von den Fälschern chemische Mittel angewandt, mit denen die auf dem Reisescheck befindliche erste Unterschrift beseitigt wird. Sie kann dann ohne Schwierigkeiten durch eine andere Unterschrift ersetzt werden, so daß bei der Einlösung eine mit dieser übereinstimmende Kontrollunterschrift geleistet wird[7]. Für den Fälscher hat diese Methode den Vorzug, daß er sich durch seinen Paß legitimieren kann.

Häufig wird aber auch die auf den gestohlenen Reiseschecks befindliche Unterschrift des rechtmäßigen Erwerbers vor den Augen des Schalterbeamten nachvollzogen. Die Fälscher zeigen hierbei oft eine erstaunliche Schreibgewandtheit. Dieses Verfahren setzt zugleich eine

---

[3] Vgl. *Bertling,* Die Kriminalität . . ., a. a. O., S. 99.

[4] *Thomsen,* Strafbare Handlungen . . ., in: Krim. 1955, S. 215.

[5] Vgl. *Adler,* Gestohlene und gefälschte Reiseschecks, in: Int. KrimPol. Rev. 1956, S. 154.

[6] Vgl. *Thomsen,* Strafbare Handlungen mit Reiseschecks, in: Krim. 1955, S. 214.

[7] Vgl. *Michalke-Heinbücher,* Der Betrug mit Traveler's Checks, in: ZKW 1957, S. 548; *Bertling,* Die Kriminalität . . ., a. a. O., S. 100.

laufende Fälschung des Passes voraus. Es wird aber gerade aus diesem Grunde bevorzugt, weil es die kriminalpolizeiliche Fahndung erschwert[8].

Um das Risiko, bei der Fälschung der Unterschrift von dem Schalterbeamten erkannt zu werden, zu vermeiden, bringen die Fälscher die zweite Unterschrift teilweise auch schon vor der Verwertung auf dem Reisescheck an. In dieser Form werden die gefälschten Reiseschecks in erster Linie bei Hotels oder Geschäftsleuten in Zahlung gegeben oder gutgläubigen Personen als „vorläufige Sicherheit" für die Gewährung eines Darlehns ausgehändigt. Da die Banken in Fällen, in denen ein vorgelegter Reisescheck die zweite Unterschrift bereits trägt, regelmäßig mißtrauisch sind und eine nochmalige Unterschriftsprobe verlangen, wird dieses Verfahren bei ihnen seltener angewandt. Aber auch hier versucht man, mit bereits gegengezeichneten Reiseschecks ungerechtfertigte Zahlungen zu erlangen, indem irgendwelche Vorwände geltend gemacht werden, wie z. B. der Eigentümer der Reiseschecks, ein guter Bekannter, sei verhindert, die Reiseschecks selbst einzulösen. Es kommt auch vor, daß die Vollziehung der zweiten Unterschrift, die sich bereits auf dem Reisescheck befindet, vor dem Schalterbeamten noch einmal unter geschickter Ausnutzung von Ablenkungsmanövern vorgetäuscht wird[9].

Einer besonderen Methode zur Verwertung gestohlener Reiseschecks bedienen sich „Großunternehmer" auf diesem Gebiet[10]. Der Hehler kauft hier die gestohlenen Reiseschecks in großen Mengen an und überweist sie zur Gutschrift auf ein Konto, das er sich bei einer ausländischen Bank unter einer Chiffre eingerichtet hat. Er rechnet damit, daß nur ein Teil der gestohlenen Reiseschecks der Polizei oder den betreffenden Emissionsinstituten gemeldet wird, da manche Touristen den Verlust nicht bemerken oder selbst tragen wollen, um sich weitere, ihnen evtl. lästige Bemühungen um den Ersatz des Verlustes zu ersparen. Andererseits nimmt der Hehler hier in Kauf, daß ihm die Scheckbeträge nur mit dem üblichen Vermerk „Eingang vorbehalten" gutgeschrieben und möglicherweise später wieder belastet werden, wenn das Emissionsinstitut mitteilt, daß es sich um gestohlene Reiseschecks handelt. Dieses Verfahren bietet dem Hehler aber eine größere Sicherheit.

---

[8] *Thomsen,* Strafbare Handlungen mit Reiseschecks, in: Krim. 1955, S. 214.

[9] *Michalke-Heinbücher,* Der Betrug mit Traveler's Checks, in: ZKW 1957, S. 548.

[10] *Thomsen,* Strafbare Handlungen mit Reiseschecks, in: Krim. 1955, S. 214.

II. Totalfälschungen

Totalfälschungen sind im Reisescheckverkehr im Verhältnis zur Teilfälschung zwar selten, sie kommen aber auch hier immer wieder vor. Es sind ebenfalls regelmäßig organisierte Fälscherbanden, die sich hiermit befassen, wobei auch hier die Aufgaben — Finanzierung, Herstellung und Verbreitung — unter den Mitgliedern verteilt sind[11]. Allerdings werden diese Reisescheckfälschungen von den Banken im allgemeinen schnell erkannt, da der Nachdruck der Reiseschecks dank des besonderen Druckverfahrens, das bei ihnen angewandt wird, mit sehr großen Schwierigkeiten für den Fälscher verbunden ist. Totalfälschungen gelingen daher nie vollkommen[12].

---

[11] Vgl. *Thomsen*, Strafbare Handlungen mit Reiseschecks, in: Krim. 1955, S. 216.

[12] *Bertling*, Die Kriminalität . . ., a. a. O., S. 99.

Zweiter Teil

Die Rechtsgrundlagen des Reisescheckverkehrs

Erster Abschnitt

Untersuchung der Rechtsgrundlagen des Reisescheckverkehrs nach deutschem Recht

A. Die Rechtsnatur des Reiseschecks

Am Anfang der Untersuchung der Rechtsgrundlagen des Reisescheckverkehrs steht die Frage nach der rechtlichen Natur des Reiseschecks. Denn durch sie werden die zwischen den Beteiligten entstehenden Rechtsbeziehungen wesentlich bestimmt. Diese Frage kann mit Rücksicht auf die unterschiedliche Ausgestaltung der im Verkehr befindlichen Reisescheckformulare nicht allgemein beantwortet werden. Sie muß vielmehr stets auf einen bestimmten Reisescheck oder Reisescheck-Typ bezogen werden. Da die deutschen Kreditinstitute den einheitlichen DM-Reisescheck ausgeben, kann sich die Untersuchung für den deutschen Bereich auf dieses Formular beschränken (A). Im Anschluß daran wird auf die ausländischen Reiseschecks einzugehen sein (B).

(A) Der einheitliche DM-Reisescheck

I. Literatur und Rechtsprechung

1. Stellungnahmen

Die Frage der Rechtsnatur des einheitlichen DM-Reiseschecks ist in der Literatur bisher wenig, in der Rechtsprechung — soweit ersichtlich — überhaupt nicht erörtert worden. Überwiegend wird in der Literatur die Ansicht vertreten, es handele sich um einen Orderscheck

i. S. des Scheckgesetzes, da der DM-Reisescheck alle wesentlichen Formerfordernisse gemäß Art. 1 ScheckG erfülle[1].

Nach einer anderen, von *Trost-Schütz*[2] vertretenen Meinung ist der deutsche Reisescheck dagegen nicht als Scheck i. S. des Scheckgesetzes anzusehen. Dabei wird bemerkt, daß er auch nicht als Anweisung i. S. der §§ 783 BGB ff. noch als kaufmännischer Verpflichtungsschein gem. § 363 HGB aufgefaßt werden könne. Positiv wird die Frage der Rechtsnatur des Reiseschecks nicht entschieden, sondern lediglich gesagt, die Rechtsbeziehungen zwischen den Beteiligten müßten aus Inhalt und Zweck der Einrichtung des Reiseschecks gefolgert werden.

In den Kommentaren wird vielfach allgemein vom Reisescheck gesprochen, ohne daß deutlich gemacht wird, um welchen Reisescheck es sich handelt. Dabei wird der Reisescheck entweder als kaufmännischer Verpflichtungsschein[3] oder als Scheck[4] charakterisiert. Diese Anmerkungen beziehen sich jedoch — wie beachtet werden muß — nicht auf den einheitlichen DM-Reisescheck. Dies geht einerseits daraus hervor, daß jene Stellungnahmen aus einer Zeit stammen, in der die deutschen Kreditinstitute noch keine eigenen Reiseschecks ausgaben, andererseits auch daraus, daß man sich teilweise auf eine Entscheidung des Reichsgerichts aus dem Jahre 1912[5] bezieht, in der ein Reisescheck der American Express Company als kaufmännischer Verpflichtungsschein qualifiziert wurde.

Das Fehlen jeglicher Rechtsprechung auf dem Gebiete des DM-Reisescheckverkehrs mag angesichts des Umfanges, den dieser Zweig des Bankgeschäftes heute angenommen hat, überraschen. Dieselbe Feststellung wird aber auch in anderen Ländern getroffen[6]. Dort sieht man den Grund hierfür in geschäftspolitischen Erwägungen der Banken. Diese sind bestrebt, das Vertrauen ihrer Kunden in den Reisescheck

---

[1] *Hahn*, Sind Spezialschecks und Goldzertifikate Geldersatz, in: BlGenW 1960, S. 142 N. 13; ders., Zahlungsmittelverkehr der Unternehmung, Wiesbaden 1962, S. 146 N. 203; *Käser*, Rechtliche Aspekte . . ., in: ZKW 1962, S. 402; ebenso auch *Justat* u. *Maurer*, Rechtsfragen des Reiseschecks, in: ZKW 1956, S. 158, die sich zwar nicht auf den einheitlichen DM-Reisescheck beziehen, deren Stellungnahme jedoch einen deutschen Reisescheck aus der Zeit vor Einführung des einheitlichen Formulars betrifft, das sich nur unwesentlich von diesem unterscheidet.

[2] *Trost-Schütz*, Bankgeschäftliches Formularbuch, a. a. O., S. 394.

[3] *Staub-Gadow*, Kommentar zum Handelsgesetzbuch, Leipzig und Berlin 1933, § 363 HGB Anm. 1; *Heymann-Kötter*, Handelsgesetzbuch, Berlin 1950, § 363 HGB Anm. 2.

[4] *Quassowski-Albrecht*, Scheckgesetz, Berlin 1934, Art. 5 ScheckG Anm. 9.

[5] RG 10. 5. 1912 RGZ 79, 342 ff. (= BankA. 12. Jahrgang, S. 304).

[6] Vgl. *Sereni*, L'assegno turistico americano, in: Banca, borsa, titoli 1950 I, S. 46; *Despax*, Les travellers chèques, in: Rev. trim. droit comm. 1957, S. 341; *Leysen*, Le chèque touristique américain, in: Rev. Banque 1951, S. 253.

zu pflegen, und vermeiden deshalb gerichtliche Auseinandersetzungen über Streitfragen, die sich im Reisescheckverkehr mit ihren Kunden ergeben können; denn sie befürchten, damit das Vertrauen ihrer Kunden in den Reisescheck zu erschüttern. Die Banken ziehen deshalb die Honorierung auch zweifelhafter Reiseschecks einem Rechtsstreit vor[7]. Man wird annehmen dürfen, daß auch in Deutschland das Fehlen von Entscheidungen zu rechtlichen Fragen des Reisescheckverkehrs auf eine derartige großzügige Geschäftspolitik der Emissionsinstitute zurückzuführen ist, woraus sich dann auch das Fehlen von Äußerungen der Gerichte zur Frage der Rechtsnatur des deutschen Reiseschecks erklärt.

2. *Kritik*

Soweit in der Literatur Stellungnahmen hierzu vorliegen, kann diese Frage nicht als geklärt bezeichnet werden. Abgesehen davon, daß keine Einigkeit darüber besteht, ob der DM-Reisescheck als Scheck i. S. des Scheckgesetzes anzusehen ist oder nicht, ist auf der einen Seite mangels einer Begründung überhaupt nicht ersichtlich, welche Erwägungen der die Schecknatur ablehnenden Ansicht zugrunde liegen. Auf der anderen Seite befriedigt aber auch die gegenteilige, positive Auffassung nicht völlig, da sie sich, sofern eine Begründung gegeben wird[8], nur auf die formelle Ausgestaltung des DM-Reiseschecks stützt, ohne näher darauf einzugehen, inwieweit hier gegenüber dem gewöhnlichen Scheck wesensmäßige Unterschiede zu erkennen sind, die bei einer erschöpfenden rechtlichen Würdigung des DM-Reiseschecks nicht unberücksichtigt gelassen werden können. Eine eingehendere Prüfung der rechtlichen Natur dieses Papiers erscheint deshalb geboten. Die folgende Untersuchung dieser Frage wird sich zunächst dem allgemeinen rechtlichen Wesen des einheitlichen DM-Reiseschecks und im Anschluß daran seiner besonderen wertpapierrechtlichen Ausgestaltung zuwenden.

II. Die bürgerlich-rechtliche Anweisung als Grundlage des einheitlichen DM-Reiseschecks

Die rechtliche Beurteilung des DM-Reiseschecks muß von der in ihm enthaltenen Erklärung „Zahlen Sie gegen diesen Scheck an die Order von ... 50 DM“ ausgehen. Diese Zahlungsanweisung könnte eine Anweisung gemäß § 783 BGB darstellen. Das BGB regelt die in einer Ur-

---

[7] *Sereni*, L'assegno turistico americano, in: Banca, borsa, titoli 1950 I, S. 46; *Despax*, Les travellers chèques, in: Rev. trim. droit comm. 1957, S. 341.

[8] *Justat* u. *Maurer*, Rechtsfragen des Reiseschecks, in ZKW 1956, S. 158; *Käser*, Rechtliche Aspekte des einheitlichen DM-Reiseschecks, in ZKW 1962, S. 402.

kunde verbriefte schriftliche Anweisung über die Leistung von Geld, Wertpapieren oder anderen vertretbaren Sachen. Bei der Frage, ob die Zahlungsanweisung des DM-Reiseschecks die Voraussetzungen der bürgerlich-rechtlichen Anweisung erfüllt, könnte allenfalls zweifelhaft sein, ob sie dem Erfordernis der Schriftlichkeit entspricht. Dieses Erfordernis bedeutet, daß die Anweisung von dem Aussteller eigenhändig durch Namensunterschrift unterzeichnet sein muß (§ 126 Abs. 1 BGB). Es kommt deshalb darauf an, wer beim DM-Reisescheck als Aussteller anzusehen ist. Da der Erwerber den Reisescheck unterschreibt, liegt es nahe, in ihm auch den Aussteller des DM-Reiseschecks zu sehen. Jedoch ist dies nicht ohne weiteres klar. Denn durch die Anweisung ermächtigt der Aussteller (der Anweisende) den Angewiesenen (Bezogenen), für seine Rechnung an einen Dritten, den Anweisungsempfänger, zu leisten, während er zugleich den Anweisungsempfänger ermächtigt, die Leistung im eigenen Namen zu erheben (Theorie der Doppelermächtigung). Welcher der Beteiligten beim DM-Reisescheck zur Zahlung anweist, wer zur Zahlung angewiesen ist und wer die Stellung des Anweisungsempfängers innehat, ist aber aus dem Formular des Reiseschecks auf den ersten Blick nicht eindeutig zu erkennen.

1. Die anweisungsrechtlichen Funktionen der Beteiligten

Im folgenden ist deshalb zu klären, welche Funktionen die Beteiligten am Reisescheckverkehr anweisungsrechtlich ausüben, wobei als Beteiligte der Erwerber, das Emissionsinstitut und die Einlösungsstelle in Betracht kommen[9].

a) Aussteller und Bezogener

Hinsichtlich der Frage, wer im Reisescheck zur Zahlung anweist und wer zur Zahlung angewiesen wird, ergeben sich zwei Auffassungsmöglichkeiten: die Zahlungsanweisung könnte vom Emissionsinstitut an die jeweilige Einlösungsstelle gerichtet (aa), sie könnte auch als eine Anweisung des Erwerbers an das Emissionsinstitut aufzufassen sein (bb).

aa) Anweisung des Emisssionsinstituts an die Einlösungsstellen?

Obwohl allein der Erwerber den Reisescheck unterschreibt und ihm damit offenbar die Ausstellerfunktion zukommt, erscheint die Auffassung, daß die Zahlungsanweisung im DM-Reisescheck nicht vom Erwerber ausgeht, sondern vom Emissionsinstitut an die Einlösungsstel-

---

[9] Es sei zunächst davon ausgegangen, daß der Reisescheck vom Emissionsinstitut unmittelbar, also nicht über eine besondere Ausgabestelle, in den Verkehr gebracht wird.

len gerichtet ist, nicht von vornherein ausgeschlossen, ja auf den ersten Blick sogar näherliegend. Der Erwerber wird in der Erklärung „Zahlen Sie gegen diesen Scheck an die Order von ...“ vermutlich im allgemeinen eine Zahlungsaufforderung des Emissionsinstitutes an die Einlösungsstelle sehen, bei der er den Reisescheck zur Zahlung vorlegen wird; denn diesen Sinn wird er jenen Worten nach dem Zweck des Papiers, ihm am Reiseziel durch die Einlösungsstelle Zahlung zu verschaffen, stets beilegen. Man könnte hierbei auch daran denken, daß auch der Reisekreditbrief, an dessen Stelle der Reisescheck fast ganz getreten ist[10], eine Anweisung des Emisssionsinstitutes an die einlösende Korrespondenzbank enthält[11]. Für eine Auslegung der Zahlungsanweisung des DM-Reiseschecks in diesem Sinn spricht ferner auch die Bezeichnung des zahlenden Kreditinstitutes am Reiseziel als „Einlösungsstelle“[12]; denn unter „Einlösung“ wird im Geschäftsleben die Ausführung der angewiesenen Leistung durch Zahlung verstanden[13]. Schließlich wird auch in der Literatur das Emissionsinstitut verschiedentlich als Aussteller des Reiseschecks genannt[14]. So meint insbesondere *Breit*, „der Gedanke, den Inhaber (Käufer) als Aussteller bei der jeweiligen Ausgabe figurieren zu lassen“, sei unmöglich[15].

Allerdings ist zu berücksichtigen, daß sich diese Bemerkungen in der Literatur nicht auf den deutschen Reisescheck beziehen[16], sie können jedoch in diesem Zusammenhang nicht unerwähnt bleiben, da sie auch für diesen zutreffen könnten.

Gegen die Ansicht, daß im Reisescheck die Einlösungsstelle vom Emissionsinstitut zur Zahlung angewiesen wird, läßt sich nicht einwenden, daß die Einlösungsstelle in der Urkunde nicht benannt ist; denn es könnte sich hier um eine adressatenlose Anweisung handeln, die als

---

[10] Vgl. oben S. 19 f.

[11] *Hueck*, Recht der Wertpapiere, Berlin und Frankfurt 1960, S. 18; *Koch*, Banken und Bankgeschäfte, a. a. O., S. 245; *Schumann*, Handelsrecht Bd. II, Wiesbaden 1954, S. 432.

[12] Diese Bezeichnung ist allgemein üblich; vgl. auch *Trost-Schütz*, Bankgeschäftliches Formularbuch, a. a. O., S. 395.

[13] *Heck*, Grundriß des Schuldrechts, Tübingen 1929, S. 391.

[14] Vgl. *Koch*, Banken und Bankgeschäfte, a. a. O., S. 278; *Ulmer*, Das Recht der Wertpapiere, Stuttgart-Berlin 1938, S. 301; *Schlegelberger-Hefermehl*, Handelsgesetzbuch, Berlin und Frankfurt 1956, § 349 HGB Anm. 22; *Düringer-Hachenburg*, Das Handelsgesetzbuch vom 10. Mai 1897 auf der Grundlage des Bürgerlichen Gesetzbuchs IV. Bd., Mannheim-Berlin-Leipzig 1932, Anhang I zu §§ 363—365 HGB Anm. 67.

[15] *Breit*, Scheck-, Giro- und Depositenrecht, Berlin 1929, § 5 ScheckG Anm. 15; *Jacobi*, Wechsel- und Scheckrecht, Berlin 1956, S. 514, N. 1.

[16] *Breit*, Scheck-, Giro- und Depositenrecht, a. a. O., § 5 ScheckG Anm. 15, bezieht sich auf den Travelers Cheque der American Express Company.

an jedermann gerichtet gilt[17]. Einer Beurteilung der im deutschen Reisescheck enthaltenen Zahlungsanweisung in diesem Sinne steht aber die sich daraus ergebende Folgerung entgegen, daß der Reisescheck keine Aussteller-Unterschrift enthalten würde; denn für das Emissionsinstitut wird auf dem Formular keine Unterschrift geleistet. Dieses Ergebnis wäre abwegig, da ein Papier des internationalen Zahlungsverkehrs ohne Aussteller-Unterschrift nicht denkbar ist[18]. Es kommt hinzu, daß das Emissionsinstitut als *bezogenes* Kreditinstitut bezeichnet wird[19], woraus deutlich hervorgeht, daß sich die Anweisung des deutschen Reiseschecks an das Emissionsinstitut richten soll. Daß gleichzeitig auch von „Einlösungsstellen" gesprochen wird, widerspricht dem nicht, da diese bei der Ausführung der Anweisung in Vertretung des Emissionsinstitutes handeln können, worauf weiter unten noch einzugehen sein wird. Hat das Emissionsinstitut die Stellung des bezogenen Kreditinstitutes, so scheidet seine Beurteilung als Aussteller auch deshalb aus, weil in diesem Fall eine trassiert-eigene Anweisung vorläge, die nach deutschem Recht nicht zulässig ist[20].

bb) Die Zahlungsanweisung des DM-Reiseschecks als Anweisung des Erwerbers an das Emissionsinstitut

Danach bleibt nur die Möglichkeit, den Erwerber des Reiseschecks als Aussteller anzusehen. Hier ist die unerläßliche Aussteller-Unterschrift vorhanden. Abgesehen hiervon ist diese Auffassung, die auch in der Literatur für den DM-Reisescheck einhellig vertreten wird[21], ebenso sinnvoll wie die oben erörterte Auslegung auf den ersten Blick zu sein scheint. Der Erwerber ermächtigt durch die Anweisung

---

[17] Vgl. *Düringer-Hachenburg,* Das Handelsgesetzbuch ... Bd. II, a. a. O., S. 610 f.; *Cohn,* Die Kreditgeschäfte, in: Handbuch des Deutschen Handels-, See- und Wechselrechts, herausgegeben von *Endemann,* III. Bd., Leipzig 1885, S. 1128, mit Bezug auf den sog. Generalkreditbrief.

[18] So kommt auch der RFH in seiner Entscheidung vom 2. 3. 1926, RFHE 18, S. 274 (= Banka 25. Jahrgang, S. 264), mit Bezug auf den Travellers Cheque der American Express Company zu dem Ergebnis, der Erwerber müsse als Aussteller des Schecks angesehen werden, da er allein eine ordnungsmäßige Unterschrift leiste, „durch die allererst ein Recht aus der Anweisung existent wird".

[19] Vgl. das „Merkblatt für die Einlösung der einheitlichen DM-Reiseschecks deutscher Kreditinstitute" im Anhang unter „Allgemeines".

[20] *Palandt-Gramm,* Bürgerliches Gesetzbuch, München und Berlin 1963, § 783 BGB Anm. 1 mit Bezug auf RG 8. 10. 1929 LZ 30, S. 304. — Zwar ist im Scheckrecht nach Art. 6 Abs. 2 ScheckG eine Ausnahme für den sog. Filialscheck zugelassen. Eine trassiert-eigene Anweisung in der dort vorausgesetzten Form ist aber im deutschen Reisescheck nicht enthalten.

[21] *Justat* u. *Maurer,* Rechtsfragen des Reiseschecks, in: ZKW 1956, S. 158; *Hahn,* Sind Spezialschecks und Goldzertifikate Geldersatz, in: BlGenW 1960, S. 142 N. 13; *Käser,* Rechtliche Aspekte des einheitlichen DM-Reiseschecks, in: ZKW 1962, S. 400.

das Emissionsinstitut, auf seine Rechnung den im Reisescheck genannten Geldbetrag an den von ihm benannten Anweisungsempfänger zu zahlen. Er verfügt auf diesem Wege über den von ihm beim Emissionsinstitut eingezahlten Betrag und läßt ihn mit Hilfe der Anweisung der Einlösungsstelle als Gegenleistung für die Auszahlung des Reiseschecks zukommen. Da mit der Einzahlung dieses Betrages bei Empfang der Reiseschecks eine Schuld des Emissionsinstitutes begründet wird, und die angewiesene Leistung im Hinblick auf diese Schuld vom Emissionsinstitut erbracht werden soll, handelt es sich um eine Anweisung auf Schuld, die auch sonst als Mittel des bargeldlosen Zahlungsverkehrs viel Verwendung findet[22].

Kann hiernach die im DM-Reisescheck enthaltene Zahlungsanweisung nur dahin verstanden werden, daß sie vom Erwerber an das Emissionsinstitut gerichtet wird, so können die Bemerkungen in der Literatur, in denen das Emissionsinstitut als Aussteller des Reiseschecks bezeichnet wird, nur für bestimmte ausländische Reiseschecks Gültigkeit haben[23].

b) Anweisungsempfänger

Hinsichtlich der weiteren Frage, wer von den Beteiligten am Reisescheckverkehr der aus der Anweisung des Erwerbers begünstigte Anweisungsempfänger ist, kommen drei Möglichkeiten in Betracht: der Reisescheck könnte auf den Inhaber ausgestellt sein (aa), ferner kann entweder die Einlösungsstelle (bb) oder der Erwerber selbst (cc) als begünstigt angesehen werden.

aa) Der Inhaber als Anweisungsempfänger?

Im Text der Anweisung wäre der Name des Anweisungsempfängers normalerweise in der Orderzeile einzusetzen. Beim Reisescheck bleibt sie jedoch überwiegend unausgefüllt. Hieraus könnte man schließen, daß der Reisescheck in diesen Fällen auf den Inhaber ausgestellt wird. Diese Auffassung wird aber dem Reisescheckverfahren nicht gerecht; denn der namentlich im Formular nicht genannte Inhaber wird auf den Reisescheck niemals Zahlung erhalten. Der Berechtigte muß sich vielmehr, um den Reisescheck verwerten zu können, auf Grund des Papiers und sonstiger Ausweise legitimieren können. Anders wäre der mit dieser Einrichtung verfolgte Sicherheitszweck nicht gewährleistet. Der Reisescheck muß daher seinem Wesen nach als ein auf

---

[22] *Heck*, Grundriß des Schuldrechts, a. a. O., S. 167.

[23] Vgl. *Hahn*, Sind Spezialschecks und Goldzertifikate Geldersatz, in: BlGenW 1960, S. 142.

den Namen des Berechtigten ausgestelltes Papier angesehen werden[24]. Das Freibleiben der Orderzeile kann also nicht die Bedeutung haben, daß der Inhaber die Rechte aus der Zahlungsanweisung geltend machen kann.

bb) Die Einlösungsstelle als Anweisungsempfängerin?

Anders als die oben beschriebene Praxis sehen die von der Sparkassen-Organisation herausgegebenen internen Richtlinien vor, daß die Einlösungsstelle ihren Stempel in der Orderzeile anzubringen hat[25]. Hier scheint man die Einlösungsstelle als Anweisungsempfängerin zu betrachten. Auch dieser Auffassung stehen aber Bedenken entgegen. Zunächst würde damit nicht erklärt werden, ob die Einlösungsstelle auch bei dem sonst üblichen Verfahren, die Orderzeile freizulassen, die Stellung des Anweisungsempfängers innehat. In diesen Fällen wird die Einlösungsstelle durch deren Stempel auf der Rückseite bezeichnet, wodurch eher der Eindruck einer Übertragung des Reiseschecks auf einen Dritterwerber als nachfolgenden Berechtigten erweckt wird. Abgesehen davon wäre aber auch — unter der Voraussetzung, daß die Einlösungsstelle die Stellung des Anweisungsempfängers innehat, — nicht einzusehen, welche Bedeutung die Übertragbarkeit des Reiseschecks haben soll. Übertragbar kann die Anweisung naturgemäß nur für den Berechtigten, also den Anweisungsempfänger, sein. Für die Einlösungsstelle besteht aber weder ein Interesse noch ein Bedürfnis, den Reisescheck auf einen Dritten zu übertragen. Sie übersendet den von ihr ausgezahlten Reisescheck stets unverzüglich an das Emissionsinstitut zum Einzug des Gegenwertes[26]. Zweck der Übertragbarkeit ist es vielmehr, dem *Erwerber* eine breitere Verwendungsmöglichkeit für den Reisescheck zu geben. Dies würde bedeuten, daß dem Erwerber auch zunächst das Recht aus der Anweisung des Reiseschecks zustehen soll.

cc) Der Erwerber als Anweisungsempfänger

Ist der Erwerber als Aussteller des Reiseschecks zugleich auch der begünstigte Anweisungsempfänger, so stellt die im Reisescheck ent-

---

[24] Die gleiche Auffassung wird in der französischen Rechtsprechung und Literatur mit Bezug auf den Travelers Cheque der American Express Company vertreten; vgl. Cour d'appel d'Amiens 19. 1. 1956 J. C. P. 1956 II, 9187; ebenso *Cabrillac* in der Anmerkung zu dieser Entscheidung und *Marin,* Nature et régime des travellers-chèques et des chèques de voyage, in: Banque 1956, S. 41; ferner *Leysen,* Le chèque touristique américain, in: Rev. Banque 1951, S. 248, der bemerkt, daß die Zirkulation des Reiseschecks als Inhaberpapier nicht den Absichten des Emissionsinstitutes entspricht.

[25] Vgl. oben S. 24 N. 12.

[26] Vgl. *Hahn,* Sind Spezialschecks und Goldzertifikate Geldersatz, in: BlGenW 1960, S. 143.

haltene Zahlungsanweisung eine *Anweisung an eigene Order* dar. Hiergegen könnten insofern Bedenken bestehen, als die bürgerlichrechtliche Anweisung stets die Beteiligung von 3 Personen voraussetzt und daher nicht an eigene Order ausgestellt werden kann[27]. Dies gilt jedoch nicht für die kaufmännische Anweisung gem. § 363 HGB[28] und den Scheck, für den Art. 6 Abs. 1 ScheckG die Ausstellung an eigene Order ausdrücklich zuläßt. Im Hinblick darauf, daß der Reisescheck möglicherweise die Voraussetzungen eines dieser Papiere erfüllt, können daher jene Bedenken zunächst unbeachtet bleiben.

Nach der Auffassung, daß der Erwerber auch begünstigter Anweisungsempfänger ist, könnte man die Zahlungsanweisung des deutschen Reiseschecks in der Form lesen, daß die nicht ausgefüllte Orderzeile durch eine der beiden Unterschriften des Erwerbers zu ergänzen ist. Daß der Name des Anweisungsempfängers nicht in der Orderzeile erscheint, läßt sich damit erklären, daß die Legitimationsprüfung durch den Vergleich der nebeneinander angeordneten Unterschriften erleichtert werden soll. Es ist bereits darauf hingewiesen worden, daß der Übertragbarkeitsvermerk auf dem Reisescheck nur einen Sinn hat, wenn der Erwerber als begünstigter Anweisungsempfänger angesehen wird. Wäre er lediglich Aussteller, so hätte er ohnehin die Möglichkeit, jeden beliebigen Dritten als Begünstigten im Reisescheck zu bezeichnen. Damit wäre für ihn die Übertragbarkeit des Reiseschecks — durch die gerade er in die Lage versetzt werden soll, den Reisescheck auch in anderer Weise als durch Vorlegung bei einem Kreditinstitut zu verwerten, — bedeutungslos. Vorteilhaft könnte sie nur für den folgenden Berechtigten sein. Diesem soll jedoch mit der Übertragbarkeit nicht gedient werden, was sich aus der Zurückhaltung der Kreditinstitute bei der Einlösung von übertragenen Reiseschecks deutlich ergibt.

Berücksichtigt man ferner, daß es Zweck des Reiseschecks ist, dem Erwerber selbst Zahlung zu verschaffen und daß schließlich auch nach dem allgemeinen Sprachgebrauch der Reisescheck auf den Namen des Erwerbers ausgestellt wird, so wird man feststellen müssen, daß beim deutschen Reisescheck der Erwerber auch die Stellung des Anweisungsempfängers innehaben soll[29]. Die Einlösungsstelle hat dagegen keine anweisungsrechtliche Funktion.

---

[27] RG 22. 9. 1929 LZ 30, 304.

[28] *Schlegelberger-Hefermehl*, Handelsgesetzbuch, a. a. O., § 363 HGB Anm. 6 mit weiteren Hinweisen.

[29] Ebenso *Käser*, Rechtliche Aspekte des einheitlichen DM-Reiseschecks, in: ZKW 1962, S. 400.

c) Die Stellung der Ausgabestelle außerhalb des Anweisungsverhältnisses

Ebenso ist auch die Ausgabestelle an dem der Zahlungsanweisung des DM-Reiseschecks zugrunde liegenden Anweisungsverhältnis nicht beteiligt. Man könnte — wenn der Reisescheck nicht vom Emissionsinstitut unmittelbar an den Bankkunden ausgegeben wird — allenfalls annehmen, daß die Ausgabestelle das Emissionsinstitut zur Zahlung an den Erwerber anweise. Abgesehen davon, daß der Reisescheck in diesem Falle wiederum keine Aussteller-Unterschrift trüge, da die Ausgabestelle auf dem Formular lediglich ihren Stempel anbringt, kann der Inhalt der Zahlungsanweisung aber kaum verschieden sein, je nachdem ob der Reisescheck vom Emissionsinstitut selbst oder von einer Korrespondenzbank an den Erwerber ausgegeben wird. Im übrigen findet diese Auffassung aber auch keine Grundlage in dem rechtlichen Verhältnis zwischen den Beteiligten. Denn mit der Ausgabe der Reiseschecks und der Einnahme des vom Erwerber zu zahlenden Betrages wird eine Schuld der Ausgabestelle gegenüber dem Emissionsinstitut begründet, die auf dem zwischen den beiden Kreditinstituten bestehenden Auftragsverhältnis beruht. Es besteht keine Schuld des Emissionsinstitutes gegenüber der Ausgabestelle, die im Wege der Anweisung erfüllt werden könnte. Andererseits besteht auch keine Verpflichtung der Ausgabestelle gegenüber dem Erwerber, zu deren Erfüllung sie sich der Anweisung bedienen könnte.

Die Stellung der Ausgabestelle außerhalb des Anweisungsverhältnisses wird vor allem durch ihre wirtschaftliche Funktion deutlich. Ihre Aufgabe ist es, die Ausgabe der Reiseschecks an einem Ort zu besorgen, an dem das Emissionsinstitut selbst nicht vertreten ist. Sie nimmt also lediglich als Mittlerin zwischen dem Emissionsinstitut und dem Erwerber am Reisescheckverkehr teil. Dieser wirtschaftlichen Funktion entspricht ihre rechtliche Stellung als Beauftragte des Emissionsinstitutes[30], die auf Grund eines Geschäftsbesorgungsvertrages gemäß § 675 BGB oder eines Auftrages gemäß § 670 BGB, sofern sie die Ausgabe unentgeltlich besorgt[31], tätig wird.

2. *Die Aussteller-Unterschrift*

Als Aussteller-Unterschrift des Erwerbers kommt entweder die erste, bei der Ausgabe auf dem Reisescheck zu leistende Unterschrift oder die Gegenzeichnung im Zeitpunkt der Verwertung in Betracht[32].

---

[30] Ebenso *Sereni*, L'assegno turistico americano, in: Banca, borsa, titoli 1950 I, S. 48.

[31] Im Inland berechnen die Kreditinstitute keine Ausgabe-Provisionen, vgl. oben S. 24.

a) Die in der Literatur vertretenen Meinungen

In der Literatur werden unterschiedliche Auffassungen darüber vertreten, durch welche der beiden Unterschriften der Reisescheck ausgestellt wird.

Justat und *Maurer*[33] geben der zweiten Unterschrift den Vorzug, indem sie bemerken, wenn man die erste Unterschrift als Aussteller-Unterschrift ansähe, so läge es so, daß das Emissionsinstitut — entgegen der sonstigen Gepflogenheit, dem Aussteller den Zeitpunkt der Unterzeichnung freizustellen, — hier den Erwerber veranlaßt hätte, dies sofort zu tun. Dafür sei ein praktisches Bedürfnis nicht ersichtlich. Sie meinen deshalb, daß die erste Unterschrift nur die Funktion einer Art Unterschriftsprobe habe.

Auf dem gleichen Standpunkt steht der RFH in seinem Urteil vom 2. 3. 1926[34], das zwar den Travelers Cheque der American Express Company betrifft, hier aber herangezogen werden kann, weil der RFH die in dem von ihm zu beurteilenden Formular enthaltene Zahlungsanweisung ebenfalls als eine Anweisung des Erwerbers an das Emissionsinstitut auffaßte. Der RFH führt in seinem Urteil aus, das Recht aus dem Reisescheck, nämlich die darin enthaltene Doppelermächtigung, entstehe nicht schon mit der Aushändigung des Formulars, sondern erst mit der Vollziehung der zweiten Unterschrift. Das zeige sich deutlich im Falle der Übertragung des Reiseschecks durch Indossament. Denn dann könne der Indossatar ein Recht aus dem Reisescheck nur geltend machen, wenn die Urkunde die Unterschrift des „Käufers" trage. Es entspreche auch dem Zweck des Reiseschecks, vor mißbräuchlicher Verwertung zu schützen, daß die Aussteller-Unterschrift erst bei der Erhebung der Geldsumme geleistet werde.

Anders meint dagegen *Käser*[35], daß die erste Unterschrift den Reisescheck ausstelle, während die Gegenzeichnung lediglich Legitimationszwecken diene und deshalb nur eine Kontroll-Unterschrift darstelle. Dies ergebe sich bereits aus dem von ihm wörtlich zitierten Vermerk im Umschlag des Reisescheckheftes, in dem der Kontrollzweck der zweiten Unterschrift umschrieben wird[36].

---

[32] Soweit in der Literatur den beiden Unterschriften keine scheckrechtliche und daher auch keine anweisungsrechtliche Bedeutung beigemessen wird, sondern beide nur als Kontroll-Unterschriften betrachtet werden — vgl. *Düringer-Hachenburg*, Das Handelsgesetzbuch . . ., a. a. O., S. 914; Breit, Scheck-, Giro- und Depositenrecht, a. a. O., S. 329 —, liegen ausländische Formulare zugrunde.

[33] *Justat* u. *Maurer*, Rechtsfragen des Reiseschecks, in: ZKW 1956, S. 158.

[34] RFHE 18, 274 (= BankA 25. Jahrgang, S. 264).

[35] *Käser*, Rechtliche Aspekte . . ., in: ZKW 1962, S. 400.

[36] Der von *Käser*, Rechtliche Aspekte . . ., in: ZKW 1962, S. 399 zitierte Vermerk lautet in seinem zweiten Absatz: „Jeder Reisescheck ist beim Erwerb

b) Die eigene Ansicht

Im Ergebnis ist der von *Käser* vertretenen Auffassung zuzustimmen, wenngleich die von ihm gegebene Begründung nicht überzeugt. Der von ihm zitierte Vermerk sagt unmittelbar nichts darüber aus, welche der beiden Unterschriften die Aussteller-Unterschrift darstellt. *Käser* stützt sich lediglich auf den dort gekennzeichneten Kontrollzweck der Gegenzeichnung. Unter diesem Gesichtspunkt läßt sich die Frage der Aussteller-Unterschrift beim Reisescheck aber nicht entscheiden; denn ebenso wie die Gegenzeichnung hat auch die erste Unterschrift Kontrollfunktion. Beide sind erforderlich, um den dem Reisescheck eigentümlichen Legitimationsnachweis führen zu können.

Als entscheidend muß hier ein anderer Gesichtspunkt angesehen werden. Von der Beantwortung der Frage, welche Unterschrift den Reisescheck ausstellt, hängt es ab, ob der Reisescheck im Regelfall gutgläubig erworben werden kann oder nicht. Die Frage hat deshalb für das ganze Reisescheckgeschäft grundsätzliche Bedeutung. Geht man von der Annahme aus, daß der Reisescheck mit der ersten Unterschrift ausgestellt wird, so trägt der Reisescheck, da diese stets im Zeitpunkt der Ausgabe vom berechtigten Erwerber geleistet werden muß, stets auch eine gültige Aussteller-Unterschrift. Ein gutgläubiger Erwerb vom Nichtberechtigten ist daher, falls der Reisescheck dem Erwerber abhanden kommt, möglich, sofern der Reisescheck durch ein gültiges Indossament übertragen wird. Sieht man aber die Gegenzeichnung als Aussteller-Unterschrift an, so kann in jedem Fall, in dem der Reisescheck dem ersten Erwerber abhanden kommt und von einem Unredlichen durch Fälschung der zweiten Unterschrift auf einen gutgläubigen Dritten übertragen wird, ein gutgläubiger Erwerb nicht stattfinden, da keine gültige Aussteller-Unterschrift vorliegt. Diesen Einwand könnte der berechtigte Ersterwerber auch einem gutgläubigen Dritterwerber, der durch ein gültiges Indossament legitimiert wird, entgegenhalten. Die Frage nach der Aussteller-Unterschrift führt deshalb zu der weiteren, welches Interesse den Vorrang verdient, das *Sicherheitsinteresse des Erwerbers* oder das *Interesse des Verkehrs am Schutz seines Vertrauens*.

Die Entscheidung muß zugunsten des letzteren ausfallen. Die Sicherheit des ersten Erwerbers kann nicht auf Kosten der Sicherheit gutgläubiger Dritter gehen, die im Vertrauen auf die Gültigkeit des Reise-

---

rechts unten mit vollem Namenszug zu unterschreiben. Um Schwierigkeiten bei der Einlösung zu vermeiden und zugleich einer mißbräuchlichen Verwendung der Schecks bei einem Verlust vorzubeugen, ist die Gegenzeichnung auf den Reiseschecks erst bei der Einlösung in Gegenwart des Kassierers der Zahlstelle vorzunehmen."

schecks Zahlungen leisten oder diesen sonst als Zahlung für erbrachte Leistungen entgegennehmen. Diese Auffassung steht auch dem Sicherheitszweck des Reiseschecks, auf den der RFH besonders hinweist, nicht entgegen. Denn dieser soll nur dadurch erreicht werden, daß eine zweite Unterschrift bei der Verwertung geleistet werden muß, die der ersten entspricht, und zwar nach Möglichkeit vor dem Schalterbeamten einer Bank. Das *Verfahren* soll also Fehlleistungen ausschließen, nicht aber soll der Erwerber durch den Ausschluß eines gutgläubigen Erwerbs geschützt werden. Der Reisescheck wird damit auch nicht zum Inhaberpapier. Denn mit der ersten Unterschrift bezeichnet sich der Erwerber zugleich als Berechtigten des Reiseschecks. Das ergibt sich aus der Tatsache, daß sich beim Reisescheck ein anderer als der durch die erste Unterschrift Bezeichnete nicht als berechtigt legitimieren kann. Schließlich läßt sich auch nicht einwenden, weil gerade die zweite Unterschrift zur Verwertung erforderlich sei, müsse diese auch den Charakter der Aussteller-Unterschrift haben. Das will offenbar der RFH zum Ausdruck bringen, wenn er sagt, im Falle der Übertragung des Reiseschecks auf einen Dritten zeige sich deutlich, daß der Reisescheck erst mit der Vollziehung der zweiten Unterschrift entstehe. Dieser Ansicht ist entgegenzuhalten, daß zur Verwertung des Reiseschecks das Vorliegen der ersten Unterschrift ebenso erforderlich ist wie das Vorhandensein der Gegenzeichnung. Auch von diesem Standpunkt aus könnte man deshalb die erste Unterschrift gleichermaßen als Aussteller-Unterschrift betrachten.

Der Reisescheckverkehr ist auf das Vertrauen Drittbeteiligter angewiesen, um zu funktionieren. Diese bedürfen deshalb weitgehend rechtlichen Schutzes. Aus dieser Erwägung heraus erscheint die Auffassung, daß der Reisescheck mit der ersten Unterschrift ausgestellt wird, als den Bedürfnissen dieser Einrichtung allein angemessen.

Die zweite Unterschrift ist daneben — abgesehen von ihrer Bedeutung für den Legitimationsnachweis als Kontrollunterschrift — zur vollständigen Ausfüllung des Reiseschecks erforderlich. Sie stellt eine besondere, diesem Papier eigentümliche Voraussetzung der Zahlung dar, die zugleich — im Falle der Einlösung — die Funktion einer Quittung hat[37]. Im Falle der Übertragung des Reiseschecks auf einen Dritten wird man sie als Übertragungsvermerk anzusehen haben, der, da der Reisescheck als Orderpapier ausgestaltet ist, als Indossament gewertet werden kann[38].

---

[37] Ebenso *Justat* u. *Maurer*, Rechtsfragen des Reiseschecks, in: ZKW 1956, S. 157.

[38] So auch die amerikanische Auffassung, vgl. unten S. 113 und die rechtliche Beurteilung der Gegenzeichnung in der italienischen Literatur und Rechtsprechung, vgl. unten S. 130.

3. Das Nichtvorliegen der Annahme

Es stellt sich schließlich die Frage, ob der Reisescheck eine Zahlungsverpflichtung des Emissionsinstitutes begründet. Sie könnte hier, da die Anweisung als solche nicht zur Zahlung verpflichtet, nur dadurch entstehen, daß die Anweisung gem. § 784 Abs. 1 BGB vom bezogenen Kreditinstitut angenommen wird.

Eine ausdrückliche Annahmeerklärung des Emissionsinstitutes ist im DM-Reisescheck nicht enthalten. Man könnte meinen, das Emissionsinstitut bringe hier seinen Verpflichtungswillen durch die besonderen Merkmale des Reiseschecks zum Ausdruck. Indessen bedarf die Annahmeerklärung, die nach h. L. ein abstraktes Schuldversprechen darstellt[39], gem. § 784 Abs. 2 Satz 1 BGB der Schriftform, d. h. sie muß vom Angewiesenen durch *eigenhändige* Namensunterschrift auf der Urkunde angebracht werden (§ 126 BGB). Von diesem Erfordernis ist das Emissionsinstitut auch als Kaufmann gem. § 1 Abs. 2 Ziff. 4 HGB nicht befreit. Ein Kaufmann kann zwar gem. § 350 HGB ein abstraktes Schuldversprechen, das auf seiner Seite ein Handelsgeschäft ist, auch formlos abgeben. Dies gilt aber nicht für die Annahme einer Anweisung, da § 350 HGB nicht von der Formvorschrift des § 784 Abs. 2 Satz 1 BGB befreit[40]. Wird also eine Unterschrift für das Emissionsinstitut, die als Annahmeerklärung gedeutet werden könnte, auf dem Reisescheck nicht geleistet, so liegt eine Annahmeerklärung nicht vor[41]. Folglich begründet der Reisescheck selbst keine Zahlungsverpflichtung des Emissionsinstitutes[42].

Diese Feststellung mag überraschen, da der Erwerber im allgemeinen davon ausgehen wird, daß der Reisescheck das Emissionsinstitut zur Zahlung verpflichtet und dadurch den auf ihm angegebenen Nominalwert, der bei Empfang der Formulare in bar einzuzahlen ist, auch rechtlich repräsentiert. In dieser Weise läßt sich jedoch ein solcher Wert des Reiseschecks nicht begründen.

4. Zusammenfassung

Als Ergebnis dieser Ausführungen ist zusammenfassend festzuhalten, daß der einheitliche DM-Reisescheck eine schriftliche Zahlungs-

---

[39] *Staudinger-Kober*, Kommentar zum Bürgerlichen Gesetzbuch II. Bd., München, Berlin und Leipzig 1929, § 784 BGB Anm. 2 b; *Enneccerus-Lehmann*, Recht der Schuldverhältnisse, Tübingen 1958, § 204 I 2 a, S. 831.

[40] *Schlegelberger-Hefermehl*, Handelsgesetzbuch Bd. III, a. a. O., § 350 HGB Anm. 16.

[41] Es würde im übrigen auch am Willen der Emissionsinstitute fehlen, sich durch die besonderen Merkmale zur Zahlung zu verpflichten; denn diese Merkmale dienen allein zum Schutz gegen Fälschungen.

[42] Vgl. *Justat* u. *Maurer*, Rechtsfragen des Reiseschecks, in: ZKW 1956, S. 158; Käser, Rechtliche Aspekte . . ., in: ZKW 1960, S. 400.

anweisung des Erwerbers an das Emissionsinstitut enthält, die mit der ersten Unterschrift ausgestellt wird. Sie begünstigt ihn selbst und stellt damit eine *Anweisung an eigene Order* dar. Mangels einer schriftlichen Annahmeerklärung läßt sie eine Zahlungsverpflichtung des Emissionsinstitutes nicht entstehen.

Rechtliche Grundlage des einheitlichen DM-Reiseschecks ist damit die bürgerlich-rechtliche Anweisung in gleicher Weise wie beim Wechsel und beim Scheck[43]. Welche besondere rechtliche Ausgestaltung der Reisescheck auf dieser Grundlage gefunden hat, ist im folgenden zu untersuchen.

III. Der einheitliche DM-Reisescheck als Scheck im Sinne des Scheckgesetzes

1. Die Scheckeigenschaft des DM-Reiseschecks

a) Das Vorliegen der formellen Scheckerfordernisse

Um als Scheck i. S. des Scheckgesetzes anerkannt werden zu können, muß der DM-Reisescheck gemäß Art. 1 ScheckG die wesentlichen Formerfordernisse eines Schecks aufweisen.

Von diesen läßt der DM-Reisescheck die der Ziffern 1, 3 bis 6 ohne weiteres erkennen, nämlich:

die Bezeichnung als *„Scheck"* im Text der Urkunde, Ziffer 1,
den *Namen des Bezogenen,* Ziffer 3,
die *Angabe des Zahlungsortes,* Ziffer 4, wobei hier gem. Art. 2 Abs. 2 ScheckG mangels einer besonderen Angabe der bei dem Namen des bezogenen Kreditinstitutes angegebene Ort als Zahlungsort gilt,
die *Angabe des Tages und des Ortes der Ausstellung,* Ziffer 5 — daß diese Angabe nicht vom Aussteller, sondern von der Bank auf dem Formular vermerkt wird, ist unerheblich; denn es genügt, wenn sie durch die Aussteller-Unterschrift gedeckt wird[44, 45] —
und die *Unterschrift des Ausstellers,* Ziffer 6.

Zweifeln könnte man allerdings, ob die gemäß Art. 1 Ziff. 2 ScheckG verlangte *unbedingte Zahlungsanweisung* vorliegt. Zwar ist die im DM-Reisescheck enthaltene Zahlungsanweisung ihrem Wortlaut nach

---

[43] Vgl. *Hueck,* Recht der Wertpapiere, a. a. O., S. 97.

[44] Vgl. *Käser,* Rechtliche Aspekte ..., in: ZKW 1962, S. 400; *Justat* u. *Maurer,* Rechtsfragen des Reiseschecks, in: ZKW 1956, S. 158.

[45] Das Erfordernis der Ziffer 5 wäre auch dann gegeben, wenn man entgegen der hier vertretenen Ansicht die 2. Unterschrift als Aussteller-Unterschrift ansehen will. Dann würden die Orts- und Tagesangabe auf dem Reisescheck zwar nicht den tatsächlichen Ausstellungsort und -tag bezeichnen. Für die Gültigkeit der Urkunde als Scheck wäre dies jedoch unerheblich, vgl. *Michaelis,* Scheckgesetz vom 11. 3. 1908, Berlin u. Leipzig 1927, § 1 ScheckG (1908) Anm. 1; *Dyckerhoff,* Die Steuerpflicht ausländischer Schecks, in: BankA 1925/26, S. 77.

nicht an eine Bedingung geknüpft. Man könnte aber meinen, daß sie ihrem Sinngehalt nach bedingt sei, weil die Zahlung vom Vorliegen zweier übereinstimmender Unterschriften abhängig sei, so daß die Leistung der zweiten Unterschrift als Bedingung der Zahlung angesehen werden könnte.

Eine solche Auffassung wäre jedoch nicht zutreffend. Die Gegenzeichnung ist — abgesehen von ihrer rechtlichen Bedeutung als Quittung oder Indossament[46] — lediglich ein Mittel zur Identitätsfeststellung des Berechtigten. Die Zahlungsanweisung als solche ist also unbedingt; die zweite Unterschrift soll nur gewährleisten, daß die von einer Gegenleistung nicht abhängige Zahlung gegenüber dem Berechtigten vorgenommen wird. Folglich macht sie die Zahlungsanweisung des Ausstellers nicht zu einer bedingten. Es handelt sich bei der Gegenzeichnung vielmehr um eine Zahlungsvoraussetzung, die auf Grund des besonderen Reisescheckverfahrens zu beachten ist[47].

b) Die materiellen Unterschiede des DM-Reiseschecks gegenüber dem normalen Scheck

Kann hiernach die *formelle* Scheckeigenschaft des DM-Reiseschecks nicht geleugnet werden, so ist doch offensichtlich, daß man es hier nicht mit einem gewöhnlichen Scheck zu tun hat. *Materiell* weist der Reisescheck gegenüber jenem Unterschiede auf, die sich sowohl in wirtschaftlicher (aa) als auch in rechtlicher Hinsicht erkennen lassen (bb).

aa) Wirtschaftliche Unterschiede

Eine wirtschaftliche Verschiedenheit ist hinsichtlich des Zwecks der beiden Papiere (α), hinsichtlich der Stellung des bezogenen Kreditinstitutes (β) und der Art der Kreditbewertung festzustellen (γ).

---

[46] Vgl. oben S. 53.

[47] In der englischen Literatur vertreten *Chorley*, Law of Banking, a. a. O., S. 162, und *Minty*, The Law relating to banking and foreign exchange, London 1931, S. 236, die Ansicht, daß eine unbedingte Anweisung nicht vorliege, weil die Zahlung von der Gegenzeichnung abhängig gemacht sei. Anders jedoch auch hier *Holden*, The History of Negotiable Instruments in English Law, University of London 1955, S. 251. — In der italienischen und französischen Literatur und Rechtsprechung wird die Unbedingtheit der Zahlungsanweisung des Reiseschecks nicht in Frage gestellt, vgl. Cour de Paris 8. 11. 1950 Sirey 1951 II, 137; Cour d'appel d'Amiens J. C. P. 1956 II, 9187; *Valéry*, Des chèques en droit français, Paris 1936, S. 77 Nr. 75; *Despax*, Lex travellers chèques, in: Rev. trim. droit comm. 1957, S. 333. In der amerikanischen Rechtsprechung wird überwiegend angenommen, daß der Reisescheck (Travelers Cheque) erst mit der zweiten Unterschrift zustande kommt, vgl. unten S. 113. Aus diesem Grunde kann hier die Gegenzeichnung in keinem Falle als Bedingung der Zahlung aufgefaßt werden, vgl. *Williston*, Negotiable Instruments, a. a. O., S. 292. — Ebenso würde es beim einheitlichen DM-Reise-

α) Zweck

Der gewöhnliche Scheck ist seiner wirtschaftlichen Bestimmung nach ein *Zahlungsmittel,* das die Barzahlung *ersetzen* soll[48]. Anders steht dagegen beim Reisescheck die Befreiung vom Risiko des Bargeldverlustes auf Reisen im Vordergrund. Er soll weniger ein Mittel zum Ersatz von Barzahlungen sein, sondern Geldwert auf sichere Weise transportieren und dem Benutzer am Reiseziel Bargeld *verschaffen.* Wirtschaftlich könnte man deshalb den Reisescheck im Gegensatz zum normalen Scheck als *Geldtransportmittel* bezeichnen[49].

Allerdings kann der Reisescheck auch in Hotels, Reisebüros, Geschäften usw. in Zahlung gegeben und damit als Zahlungsmittel benutzt werden[50]. Indessen handelt es sich beim Reisescheck insoweit nur um eine Erweiterung des Verwendungszwecks, die die Kreditinstitute offenbar nur ungern im Interesse ihrer Kunden in Kauf nehmen. Dies ergibt sich einmal aus der Empfehlung der Emissionsinstitute, die zweite Unterschrift auf dem Reisescheck stets vor dem Schalterbeamten des einlösenden Kreditinstitutes zu leisten[51]. Denn damit wird gleichzeitig zum Ausdruck gebracht, daß man den Reisescheck möglichst nicht als Zahlungsmittel verwenden soll. Zum anderen zeigt sich dies auch in der Zurückhaltung der Kreditinstitute gegenüber solchen Reiseschecks, die außerhalb des Bankverkehrs auf Dritte übertragen wurden, und in ihrem Bestreben, die Zirkulation der Reiseschecks möglichst einzuschränken[52].

Auf der anderen Seite mag der Unterschied zwischen Reisescheck und normalem Scheck in ihrem wirtschaftlichen Zweck deswegen nur relativ erscheinen, weil auch der Scheck die Mitnahme von Bargeld erspart und damit die Verlustgefahr verringert. Diese Wirkung folgt hier ohne weiteres aus der Aufgabe des Schecks als Mittel des bar-

---

scheck sein, wenn man — wie *Justat* u. *Maurer,* Rechtsfragen des Reiseschecks, in: ZKW 1956, S. 158 — die Gegenzeichnung als Aussteller-Unterschrift ansehen will.

[48] *Baumbach-Hefermehl,* Wechselgesetz und Scheckgesetz, München und Berlin 1962, Einl. ScheckG Anm. 21; Hueck, Recht der Wertpapiere, a. a. O., S. 97.

[49] So auch *Ascarelli,* In tema di assegno turistico, in: Dir. e prat. comm. 1926 II, S. 178 mit Bezug auf den Reisescheck der Banca Commerciale Italiana: „... di servire cioé al trasporto del denaro e di non essere pertanto un mezzo di pagamento come gli chèque ..."

[50] Bei nicht übertragbaren ausländischen Reiseschecks ist der Zweck auf den Geldtransport beschränkt. Hier wird der Unterschied zwischen Scheck und Reisescheck besonders deutlich.

[51] Vgl. oben S. 51 N. 36.

[52] Vgl. *Leysen,* Le chèque touristique américain, in: Rev. Banque 1951, S. 252.

geldlosen Zahlungsverkehrs. Jedoch eignet sich der normale Scheck, wenn er auch die Verlustgefahr einschränkt, nicht als Geldtransportmittel, *das die Fähigkeit einschließt, dem Berechtigten im Bedarfsfalle Bargeld zu verschaffen.* Denn die Einlösung des Schecks durch Barzahlung von seiten Dritter ist in aller Regel nicht zu erreichen. Man kann deshalb den gewöhnlichen Scheck nicht als Geldtransportmittel bezeichnen.

Die oben getroffene Feststellung, daß sich der Reisescheck und der normale Scheck durch ihren wirtschaftlichen Zweck unterscheiden, rechtfertigt sich also in dem Sinne, daß der Reisescheck weniger als Zahlungsmittel, sondern in erster Linie als Geldtransportmittel gedacht ist, der Scheck dagegen sich als Geldtransportmittel überhaupt nicht eignet. Dieser Unterschied wird in der Praxis deutlich sichtbar; denn der normale Scheck wird regelmäßig nur zum Inkasso hereingenommen und nur in Ausnahmefällen sofort in bar honoriert. Beim Reisescheck bildet dagegen die Annahme zum Inkasso die Ausnahme und die sofortige Honorierung die Regel[53].

β) Stellung des bezogenen Kreditinstitutes

Der unterschiedliche Zweck macht eine verschiedene Stellung des bezogenen Kreditinstitutes erforderlich. Beim Scheck ist die bezogene Bank, um die wirtschaftliche Aufgabe des Papiers als Zahlungsmittel zu gewährleisten, auf die Funktion eines Zahlungsorgans beschränkt[54]. Im Reisescheckverkehr wird das Emissionsinstitut zwar auch als Zahlungsorgan tätig. Es kann sich aber nicht mit dieser Aufgabe begnügen, wenn die Wirksamkeit der ganzen Einrichtung des Reiseschecks nicht in Frage gestellt werden soll; denn die *Barzahlung* am dritten Ort ist nur zu erreichen, wenn sich die zahlende Stelle auf die Honorierung des Reiseschecks durch die bezogene Bank verlassen kann. Dieses Vertrauen kann sie aber nur haben, sofern ihr das *Emissionsinstitut* dafür eine Grundlage schafft. Der einzelne, der Einlösungsstelle völlig unbekannte Reisescheckinhaber kann — zumal im Ausland — nicht mit dem Kredit der zahlenden Bank rechnen. Der Reisescheckverkehr verlangt also nach einer *Garantie* seitens des Emissionsinstitutes[55]. In welcher Form sie beim DM-Reisescheck besteht, wird später zu erörtern sein.

---

[53] Vgl. *Justat* und *Maurer,* Rechtsfragen des Reiseschecks, in: ZKW 1956, S. 158.

[54] *Quassowski-Albrecht,* Scheckgesetz vom 14. August 1933, Berlin 1934, Art. 4 ScheckG Anm. 1.

[55] Dies meint offenbar auch *Breit,* Scheck-, Giro- und Depositenrecht, a. a. O., § 5 ScheckG Anm. 15, S. 328, wenn er sagt: „Ohne verhaftende Zeichnung einer Bank ist der Reisescheck eben nicht möglich.“

γ) Art der Kreditbewertung

Der unterschiedlichen Stellung des bezogenen Kreditinstitutes zum Scheck und zum Reisescheck entspricht auf der anderen Seite eine unterschiedliche Art der Kreditbewertung der beiden Papiere durch den Verkehr.

Gemeinsam ist beiden Papieren, daß der Aussteller insofern Kredit in Anspruch nimmt, als ihm von demjenigen, der den Scheck oder den Reisescheck als Leistung entgegennimmt, der Wert des Papiers zur Verfügung gestellt wird, während der Nehmer darauf vertrauen muß, daß er die angewiesene Summe später vom bezogenen Kreditinstitut ausgezahlt erhält[56]. Unterschiedlich ist aber die Grundlage, auf die sich dieses Vertrauen des Nehmers bezieht. Derjenige, der einen gewöhnlichen Scheck in Zahlung nimmt, vertraut auf die *Bonität des Ausstellers*[57], nämlich darauf, daß dieser bei Ausstellung des Schecks ein Guthaben bei der bezogenen Bank besitzt und hierüber auch zwischenzeitlich nicht anderweitig verfügen wird. Beim Reisescheck vertraut man dagegen auf die *Bonität des Emissionsinstituts*[58]. Das Vertrauen bezieht sich hier darauf, daß das Emissionsinstitut den Gegenwert des ausgegebenen Reiseschecks eingezogen hat und diesen bei Vorlage auszahlen wird[59]. Über die Bonität des Ausstellers braucht sich dagegen der Dritterwerber beim Reisescheck keine Gedanken zu machen; denn dieser muß bei Ausgabe des Reiseschecks den Gegenwert beim bezogenen Kreditinstitut entweder unmittelbar oder mittelbar über eine Korrespondenzbank einzahlen und kann hierüber in der Zwischenzeit — jedenfalls innerhalb der Gültigkeitsfrist des Reireschecks — auch nicht anderweitig verfügen.

bb) Rechtliche Unterschiede

Die unterschiedliche wirtschaftliche Aufgabe des Schecks und des Reiseschecks bedingt eine verschiedene rechtliche Ausgestaltung.

---

[56] Vgl. *Jacobi*, Wechsel- und Scheckrecht, a. a. O., S. 4.

[57] *Conrad*, Handbuch des deutschen Scheckrechts, Stuttgart 1908, S. 18; *Lessing*, Scheckgesetz vom 11. März 1908, München-Berlin-Leipzig 1926, S. XXXVIII mit weiteren Hinweisen.

[58] Vgl. *Hahn*, Sind Spezialschecks und Goldzertifikate Geldersatz, in: BlGenW 1960, S. 142.

[59] Treffend wird diese Besonderheit des Reiseschecks in einer amerikanischen Entscheidung Peoples Savings Bank of Grand Haven v. American Surety Comp. of N. Y. 15 F. Supp. 911, 913 (1936) gekennzeichnet: „Their salability depends upon public confidence that they will surely be paid. Because of this, there has arisen the well-established practice on the part of the issuing bank or express company to pay the cheques even after notice of knowledge of loss, theft or robbery ... Refusal of payment by the issuing bank or trust company because of defenses ordinarily available would be practically destructive of the entire business of placing such cheques in circulation."

Rechtliche Besonderheiten des Reiseschecks sind in folgenden Hinsichten festzustellen: in seiner Eigenschaft als Deckungsbeweis (α), in seinem Charakter als Namenspapier (β), in seiner besonderen Fristbezogenheit (γ) und im Hinblick auf die Widerrufsmöglichkeit (δ).

α) Die Deckungsbeweis-Eigenschaft

Ein wesentlicher rechtlicher Unterschied des DM-Reiseschecks gegenüber dem gewöhnlichen Scheck muß zunächst darin gesehen werden, daß der Reisescheck den Beweis der Deckung in sich trägt[60].

Durch die Ausgabe des Reiseschecks erklärt das Emissionsinstitut, wenn auch nicht ausdrücklich, so doch konkludent, von dem durch die erste Unterschrift bezeichneten Erwerber den Gegenwert empfangen zu haben und diesen Gegenwert zum Zwecke der Einlösung des Reiseschecks zur Verfügung halten zu wollen. Die Erklärung kommt hier durch das Papier als solches zum Ausdruck, da der Reisescheck nur gegen Zahlung des entsprechenden Betrages ausgegeben wird und eine anderweitige Verfügung über dieses Guthaben als durch den Reisescheck nicht möglich ist.

Der gewöhnliche Scheck besitzt diese Eigenschaft nicht; denn er wird auf ein veränderliches Guthaben gezogen. Möglich ist zwar, daß die Bank einen solchen Scheck mit dem Vermerk „Deckung vorhanden" versieht oder sonst erklärt, daß er „in Ordnung gehe". Dies geschieht aber nur auf Anfrage und bezieht sich jeweils nur auf den Zeitpunkt, in dem die Deckungsbestätigung gegeben wird[61]. Besonders deutlich wird der Unterschied an den Blankoformularen: der Blanko-Scheck ist rechtlich bedeutungslos, während der Blanko-Reisescheck in der Hand jedes Inhabers durch seine besondere Eigenschaft den Charakter einer Beweisurkunde hat, auf Grund dessen gerade der unausgefüllte Reisescheck praktisch Geldwert bekommt.

Das Wesen des Reiseschecks als Deckungs-Beweisurkunde ist rechtlich und wirtschaftlich von erheblicher Bedeutung:

Man könnte daran denken, daß in der konkludent im Reisescheck zum Ausdruck gebrachten Deckungsbestätigung ein Garantieversprechen des Emissionsinstitutes liege. Soweit wird man jedoch nicht gehen

---

[60] Ebenso *Dominedò*, Traveller's Check, in: Nuovo Dig. it. Bd. 12, Teil 2 a, a. a. O., S. 460, der den Reisescheck (dort Banca Commerciale Italiana-Scheck) — abgesehen vom Verfahren der doppelten Unterschriftsleistung — durch diese Eigenschaft charakterisiert sieht; vgl. auch *Leysen*, Le chèque touristique américain, in: Rev. Banque 1951, S. 257.

[61] RG 12. 1. 1926 RGZ 112, 317 (322); *Baumbach-Hefermehl*, Wechselgesetz und Scheckgesetz, München und Berlin 1962, Art. 4 ScheckG Anm. 1; *Quassowski-Albrecht*, Scheckgesetz vom 14. August 1933, a. a. O., Art. 4 ScheckG Anm. 4.

dürfen, da es am Willen der Emissionsinstitute fehlt, eine derartige Willenserklärung im Reisescheckformular allgemein zum Ausdruck zu bringen. Sie würde einer Bestätigung des Reiseschecks gleichkommen, die den Kreditinstituten nicht gestattet ist[62]. Denn das Recht zur Scheckbestätigung ist nach § 23 BundesbankG der Bundesbank vorbehalten.

Das Emissionsinstitut gibt vielmehr lediglich zu erkennen, daß die Deckung des Reiseschecks vorhanden ist, ohne damit eine Zahlungsverpflichtung einzugehen[63]. *Rechtlich* bedeutet dies jedoch, daß das Emissionsinstitut *die Einlösung des Reiseschecks niemals wegen fehlender Deckung ablehnen kann.* Denn sie müßte sich in jedem Fall den Rechtsschein entgegenhalten lassen, den sie dadurch setzt, daß sie den mit dem Charakter einer Deckungsbestätigung versehenen Reisescheck ausgibt. Der Verkehr muß auf diesen Rechtsschein vertrauen können, so daß sich das Emissionsinstitut nicht auf die fehlende Deckung berufen kann, wenn es im Ausnahmefall einmal Reiseschecks ausgegeben haben sollte, ohne den Gegenwert einzuziehen. Der DM-Reisescheck enthält damit eine Garantie, die rechtlich nicht in der Form einer Zahlungsverpflichtung des Emissionsinstitutes besteht, sondern im Ausschluß der Einwendung mangelnder Deckung.

Die wirtschaftliche Bedeutung dieser Eigenschaft des Reiseschecks liegt insbesondere darin, daß hiermit die für den Reisescheckverkehr erforderliche *Vertrauensgrundlage* geschaffen ist, die sonst bei der überwiegenden Anzahl der ausländischen Reiseschecks in einer verbrieften Zahlungsverpflichtung des Emissionsinstitutes besteht. Drittbeteiligte können sich darauf verlassen, daß der Gegenwert der von ihnen honorierten oder in Zahlung genommenen Reiseschecks beim Emissionsinstitut zur Verfügung steht. Zugleich erhält das Papier dadurch seinen besonderen Wert, der sich mangels einer verbrieften Forderung nicht rechtlich begründen läßt, durch die leichte Einlösbarkeit des Reiseschecks auf Grund seiner Eigenschaft als Deckungsbeweis aber doch praktisch dem nominalen Geldwert entspricht. Schließlich erklärt sich hieraus auch, daß die Verbindung des Papiers mit dem Namen des Emissionsinstitutes eine sehr viel engere Beziehung zum bezogenen Kreditinstitut entstehen läßt als dies beim normalen Scheck der Fall ist. Deutlich kommt dies in der häufig zu be-

---

[62] Vgl. *Käser,* Rechtliche Aspekte . . ., in: ZKW 1962, 400.

[63] So wird auch beim gewöhnlichen Scheck in der Rechtsprechung und Rechtslehre im Vermerk „Deckung vorhanden" im allgemeinen keine Garantieverpflichtung zur Einlösung des Schecks gesehen; vgl. *Baumbach-Hefermehl,* Wechselgesetz und Scheckgesetz, a. a. O., Art. 4 ScheckG Anm. 1; *Keßler,* Scheckgesetz vom 14. August 1933, Mannheim-Berlin-Leipzig 1934, Art. 4 ScheckG Anm. 2.

obachtenden Praxis der Emissionsinstitute zum Ausdruck, auch zweifelhafte Reiseschecks, die von anderen Banken eingelöst wurden, zu honorieren, um „ihren" Reiseschecks die Anerkennung im Verkehr zu erhalten.

β) Die Bezeichnung des Berechtigten

Wird der Zweck des Reiseschecks, dem Berechtigten am dritten Ort Bargeld zu verschaffen, rechtlich durch die Verbindung der Anweisung des Ausstellers mit der Deckungsbeweis-Eigenschaft des Reiseschecks erreicht, so dient sein Charakter als *Namenspapier* dem mit ihm verfolgten Sicherheitszweck. Auch in dieser Eigenschaft unterscheidet er sich wesentlich vom gewöhnlichen Scheck. Denn dieser ist — wenn auch als Namenspapier gesetzlich möglich (Art. 5 Abs. 1 ScheckG) — in der Praxis regelmäßig *Inhaberpapier*[64], da er stets mit der Überbringerklausel versehen ist (Ziffer 8 der Bedingungen für den Scheckverkehr). Auch diese unterschiedliche rechtliche Ausgestaltung folgt aus der Verschiedenheit des wirtschaftlichen Zwecks. Beim Scheck, der als Zahlungsmittel dient, ist das bezogene Kreditinstitut als Zahlungsorgan daran interessiert, soweit Deckung vorhanden, die Auszahlung des Schecks gegenüber jedem Vorleger mit befreiender Wirkung vorzunehmen. Beim Reisescheck, der Mittel zum sicheren Geldtransport sein soll, besteht dagegen das Interesse, Zahlungen an Nichtberechtigte nach Möglichkeit zu verhindern. Dementsprechend ist auch das Verfahren der Kreditinstitute bei der Einlösung unterschiedlich: während beim Scheck geprüft wird, ob die Deckung vorhanden ist und die Legitimation des Überbringers nicht interessiert, steht umgekehrt beim Reisescheck die Deckung außer Frage. Der Sicherheitszweck erfordert hier die Prüfung, ob hinsichtlich der Berechtigung des Vorlegers irgendwelche Bedenken bestehen.

γ) Die besondere Fristgebundenheit

Der Reisescheck unterscheidet sich vom gewöhnlichen Scheck ferner dadurch, daß er in besonderer Weise fristgebunden ist.

Der Scheck unterliegt der *Vorlegungsfrist* gem. Art. 29 ScheckG. Als Scheck würde der Reisescheck dieser Frist zwar auch unterliegen. Jedoch ist der Reisescheck nicht darauf angelegt, innerhalb der kurzen Vorlegungsfristen des Art. 29 ScheckG eingelöst zu werden. Im allgemeinen werden sie hier nicht eingehalten werden können. Denn die Vorlegungsfrist beginnt gem. Art. 29 Abs. 4 ScheckG an dem Tage zu laufen, der im Scheck als Ausstellungsdatum genannt ist. Da dieser Tag beim Reisescheck mit dem Tage der Ausgabe identisch ist, würde

---

[64] Vgl. *Hueck*, Recht der Wertpapiere, a. a. O., S. 101.

also die Vorlegungsfrist hier mit diesem Tage beginnen. Von diesem Zeitpunkt an bis zur Vorlegung des Reiseschecks beim Emissionsinstitut wird aber in aller Regel eine längere Frist verstreichen als sie durch Art. 29 ScheckG für die Vorlegung bestimmt wird[65]. Der Berechtigte wird den Reisescheck im allgemeinen nicht in so kurzer Zeit verwerten wollen, zumal wenn er auf eine längere Reise geht, für die er sich des Reiseschecks in erster Linie bedienen wird. Man kann deshalb sagen, daß der Reisescheck seiner Natur nach nicht wie der Scheck[66] nach einer baldigen Realisierung strebt[67].

Für ihn soll aber eine 12monatige, vom Tage der Ausgabe an laufende *Gültigkeitsfrist* gelten, die dem normalen Scheck unbekannt ist. Sie bedeutet nicht etwa eine Verlängerung der Vorlegungsfrist, die unzulässig sein würde[68], sondern sie dient lediglich dazu, das Verlustrisiko, das auch durch den Reisescheck nicht völlig ausgeschlossen wird, zeitlich zu begrenzen. Da der Reisescheck leichter zu Bargeld gemacht werden kann als der normale Scheck[69], ist hier die Gefahr, daß ein abhanden gekommener Reisescheck von einem Nichtberechtigten in betrügerischer Weise verwertet wird, ungleich größer, wobei die Fälschung durch die Möglichkeit, die Erstunterschrift nachzuahmen, wesentlich erleichtert ist — jedenfalls für einen geübten Fälscher. Für den Fall des Abhandenkommens des Reiseschecks ist diese Gefahr zeitlich begrenzt, so daß der Erwerber damit rechnen kann, den Nominalwert des Reiseschecks nach Ablauf der Frist ersetzt zu erhalten. Hierin besteht — abgesehen vom Verfahren — der Sicherheitseffekt des Reiseschecks.

---

65 Es würde sich im allgemeinen um die 8tägige Vorlegungsfrist des Art. 29 Abs. 1 ScheckG handeln; denn die meisten deutschen Reiseschecks dürften im Inland ausgegeben werden, so daß — da der Ausgabeort mit dem Ausstellungsort identisch ist — Ausstellungsort und Zahlungsort im Inland liegen würden. Sofern die Reiseschecks von einer ausländischen Korrespondenzbank ausgegeben werden und daher der Ausstellungsort im Ausland liegt, würde nach Art. 29 Abs. 2 ScheckG entweder eine 20- oder eine 70tägige Frist gelten, je nachdem ob sich der Ausstellungsort in Europa oder in einem anderen Erdteil befindet.

66 Vgl. *Lessing,* Scheckgesetz vom 11. März 1908, a. a. O., S. XXXVIII.

67 Vgl. *Käser,* Rechtliche Aspekte ..., in: ZKW 1962, S. 400, *Justat* u. *Maurer,* Rechtsfragen des Reiseschecks, in: ZKW 1956, S. 158; in der ausländischen Literatur vgl. *Sereni,* L'assegno turistico americano, in: Banca, borsa, titoli 1950 I, S. 53; *Ascarelli,* In tema di assegno turistico, in: Dir. e prat. comm. 1926 II, S. 178; *Despax,* Les travellers chèques, in: Rev. trim. droit comm. 1957, S. 338 f., Nr. 29.

68 Ebenso *Justat* u. *Maurer,* Rechtsfragen des Reiseschecks, in: ZKW 1956, S. 158.

69 Vgl. oben S. 58.

δ) Die Unwiderruflichkeit

Ein wesentlicher Unterschied des Reiseschecks gegenüber dem normalen Scheck, der grundsätzlich widerrufen werden kann (Art. 35 ScheckG), muß schließlich darin gesehen werden, daß hier ein Widerruf nicht möglich ist[70].

Der Ausschluß des Widerrufs wird zwar im allgemeinen nicht ausdrücklich vereinbart, er muß aber aus der Natur des Reisescheckgeschäftes gefolgert werden, nämlich aus folgenden Gründen:

Hätte das Emissionsinstitut einen Widerruf des Erwerbers zu beachten, so könnte dem Reisescheck im Verkehr nicht das Vertrauen entgegengebracht werden, dessen er zu seiner Wirksamkeit bedarf. Das Emissionsinstitut kann auch nicht auf Grund eines Widerrufs eine Sperre durchführen. Denn dies wäre technisch unmöglich, da der Widerruf nicht jeder als Einlösungsstelle in Betracht kommenden Bank mitgeteilt werden könnte. Abgesehen hiervon würden die Kosten einer allgemeinen Sperre unverhältnismäßig hoch sein, und schließlich würden auch die Kreditinstitute durch die Verpflichtung zur Beachtung eines Widerrufs in unzumutbarer Weise belastet werden, da das Reisescheckgeschäft ein Massengeschäft ist. Eine Sperre wird deshalb von den Emissionsinstituten abgelehnt. Um das Vertrauen des Verkehrs in das Papier nicht zu zerstören, muß daher der Reisescheck als *unwiderruflich* angesehen werden.

Nun wird allerdings dem Reisescheck-Erwerber stets empfohlen, das Emissionsinstitut sofort zu benachrichtigen, wenn ihm Reiseschecks abhanden gekommen sind. Aus den genannten Gründen kann es sich hier aber nicht um einen Widerruf handeln. Die Mitteilung kann also weder eine Verpflichtung des Emissionsinstitutes begründen, die Einlösung des betreffenden Reiseschecks in jedem Falle abzulehnen, noch eine Verpflichtung, die Verlustmeldung an alle in Betracht kommenden Einlösungsstellen weiterzugeben. Rechtlich bedeutet die Verlustmeldung des Erwerbers lediglich, daß das Emissionsinstitut bei der Einlösung der betreffenden Reiseschecks eine erhöhte Sorgfaltspflicht trifft[71].

---

[70] Ebenso *Käser*, Rechtliche Aspekte ..., in ZKW 1962, S. 402, und die amerikanische Auffassung, vgl. Mellon National Bank v. Citizens Bank & Trust Comp. of Camden 88 F. 2 d. 128 (1937); *Paton*, A digest of legal opinions Bd. 1, New York 1926, Nr. 4558; *Sereni*, L'assegno turistico americano, in: Banca, borsa, titoli, 1950 I, S. 54; vgl. auch *Leysen*, Le chèque touristique américain, in: Rev. Banque 1951, S. 256. — Unrichtig dagegen, da von der unzutreffenden Voraussetzung ausgehend, daß die Kreditinstitute eine Sperre durchführen, *Obst-Hintner*, Geld-, Bank- und Börsenwesen, Stuttgart 1963, S. 118.

[71] Ebenso *Käser*, Rechtliche Aspekte ..., in: ZKW 1962, S. 402.

c) Qualifikation des DM-Reideschecks als Sonderform des Schecks

Da der Reisescheck einerseits die *formellen* Merkmale des Schecks aufweist, andererseits aber erhebliche *materielle* Besonderheiten wirtschaftlicher und rechtlicher Art gegenüber dem gewöhnlichen, als Zahlungsmittel verwandten Scheck erkennen läßt, erscheint die Qualifikation dieses Papiers als „Scheck i. S. des Scheckgesetzes" zweifelhaft.

aa) Anerkennung der Scheckeigenschaft

Es stellt sich zunächst die Frage, ob hier die Scheckeigenschaft überhaupt anerkannt werden kann.

Allerdings regelt das Scheckgesetz die Frage, ob eine Urkunde Scheckqualität besitzt oder nicht, in streng förmlicher Weise[72]. Es enthält keine materielle Begriffsbestimmung des Schecks[73], sondern bestimmt in Art. 1 ScheckG, daß eine Urkunde dann die rechtliche Natur eines Schecks hat, wenn sie die gem. Art. 1 ScheckG erforderlichen Merkmale aufweist. Es kommt also zunächst allein auf die Form an, so daß die materiellen Besonderheiten einer Urkunde insoweit außer Betracht bleiben.

Indessen bedeutet die formal-juristische Regelung der Scheckeigenschaft nur, daß die Formerfordernisse des Art. 1 ScheckG vorliegen müssen, damit ein Scheck entstehen kann, nicht auch, daß umgekehrt immer ein Scheck gegeben ist, wenn eine Urkunde alle Scheckerfordernisse enthält[74]. So bleiben die allgemeinen Regeln über Willenserklärungen gültig. Man könnte deshalb auch beim DM-Reisescheck mit Rücksicht auf seine Besonderheiten an eine *Auslegung* denken, die trotz des formalisierten Charakters des Schecks nach dem Grundsatz des § 133 BGB möglich ist[75].

Die Auslegung setzt die Mehrdeutigkeit der in der Urkunde enthaltenen Erklärung voraus. Beim Reisescheck könnte man zweifeln, ob ein Scheck i. S. des ScheckG gewollt ist, weil die Urkunde zugleich als Scheck und als Reisescheck bezeichnet wird und weil die Gültigkeit auf 12 Monate befristet wird. Möglicherweise wollte man durch die Bezeichnung „Reisescheck" zum Ausdruck bringen, daß es sich hier

---

[72] *Baumbach-Hefermehl,* Wechselgesetz und Scheckgesetz, a. a. O., Einl. ScheckG Anm. 8; *Quassowski-Albrecht,* Scheckgesetz, a. a. O., Art. 1 ScheckG Anm. 1; *Keßler,* Scheckgesetz, a. a. O., Art. 1 ScheckG Anm. 1.

[73] *Breit,* Scheck-, Giro- und Depositenrecht, a. a. O., § 1 ScheckG Anm. 1, S. 96, weist darauf hin, daß logisch auch eine materiell-wirtschaftliche Definition möglich ist, die auf die normale Funktion des Schecks als Zahlungsmittel abstellt, daß aber nach deutschem Recht nur die formal-juristische Begriffsbestimmung Gültigkeit hat.

[74] *Jacobi,* Wechsel- u. Scheckrecht, a. a. O., S. 218.

[75] *Jacobi,* Wechsel- u. Scheckrecht, a. a. O., S. 218; *Quassowski-Albrecht,* Scheckgesetz, a. a. O., Art. 1 ScheckG Anm. 36.

nicht um einen Scheck i. S. des ScheckG handeln soll. Aus der Bestimmung der Gültigkeitsfrist von 12 Monaten könnte man schließen, daß es nicht beabsichtigt war, den Reisescheck an die kurze Vorlegungsfrist zu binden.

Dem steht aber gegenüber, daß der Reisescheck von *Kreditinstituten* geschaffen worden ist. Wenn diese ihn mit den gesetzlichen Formerfordernissen eines Schecks ausstatteten, so wird man kaum annehmen können, daß die hier eindeutig vorliegenden Scheckmerkmale nicht auch die entsprechende rechtliche Bedeutung haben sollten. Wollte man die Scheckeigenschaft formell aufheben, so hätte man *im Text der Urkunde* das Wort „Reisescheck" statt des Wortes „Scheck" verwenden müssen[76]. Man kann auch die Bestimmung der Gültigkeitsfrist nicht dahin verstehen, daß hierdurch die Vorlegungsfrist *ersetzt* werden sollte; denn beide Fristen haben eine unterschiedliche Bedeutung[77] und schließen sich nicht aus. Wollte man den Reisescheck nicht an die scheckrechtliche Vorlegungsfrist binden, so hätte man ihm nicht die formelle Scheckeigenschaft geben dürfen. Diese liegt aber — von den Kreditinstituten offenbar gewollt — vor. Insoweit muß deshalb der in der Literatur überwiegenden Meinung, die den DM-Reisescheck als Scheck i. S. des ScheckG qualifiziert[78], zugestimmt werden.

bb) Berücksichtigung der besonderen Eigenschaften des DM-Reiseschecks

Damit ist jedoch über die rechtliche Natur des DM-Reiseschecks nicht alles gesagt. Die Bezeichnung als „Scheck i. S. des Scheckgesetzes" berücksichtigt nicht die Eigenart des Reiseschecks[79]. Denn das Scheck-

---

[76] Diese Wortverbindung würde dem formellen Erfordernis des Art. 1 Ziffer 1 ScheckG nicht mehr entsprechen. Der Zusatz zu dem Wort „Scheck" ist hier nicht neutral — wie bei zulässigen Zusammensetzungen wie „Scheckanweisung", „Scheckurkunde", „Primascheck" usw. — und würde erkennen lassen, daß die Unterstellung des Papiers unter das ScheckG nicht gewollt ist, vgl. hierzu *Jacobi,* Wechsel- und Scheckrecht, a. a. O., S. 361. — Indessen wurde auf der 5. internationalen Tagung über Bankorganisationsfragen im Jahre 1961 in Brüssel die Bezeichnung „Scheck" im Text des Reiseschecks auch weiterhin als wünschenswert betrachtet, vgl. *Bösel,* Rationalisierung des Reisescheckgeschäftes, in: Bank-Betrieb 1962, S. 60.

[77] Vgl. oben S. 62 f.

[78] *Justat* u. *Maurer,* Rechtsfragen des Reiseschecks, in: ZKW 1956, S. 158; *Hahn,* Sind Spezialschecks und Goldzertifikate Geldersatz, in: BlGenW 1960, S. 142 N. 13; *ders.,* Zahlungsmittelverkehr der Unternehmung, Wiesbaden 1962, S. 146 N. 203; *Käser,* Rechtliche Aspekte ..., in: ZKW 1962, 400.

[79] Vgl. auch *Despax,* Les travellers chèques, in: Rev. trim. droit comm. 1957, S. 327 Nr. 10, der mit Bezug auf den Travelers Cheque der American Express Comp. meint: „Cette appellation de chèque rend compte ... assez mal de la profonde originalité d'un titre, qui n'a pu ainsi être créé qu'en empruntant à des institutions diverses certains de leurs caractères."

gesetz regelt den Scheck als *Zahlungsmittel*. Auf diesen seinen Charakter sind die materiellen Bestimmungen des Scheckgesetzes zugeschnitten, wie sich deutlich aus den grundlegenden Vorschriften — Annahmeverbot (Art. 4 ScheckG) und Bindung des Schecks an die Vorlegungsfrist (Art. 29 ScheckG) — ergibt, die bewirken sollen, daß der Scheck nur als Zahlungsmittel Verwendung findet. Das Scheckgesetz geht dabei ersichtlich von einem Scheck aus, der vom Bankkunden auf ein *veränderliches* Guthaben gezogen wird. Gegenstand dieser Bestimmungen ist aber nicht der Scheck, der in der besonderen Form des Reiseschecks dem *sicheren Geldtransport* dient und auf ein *unveränderliches* Bankguthaben gezogen wird. Von diesem Standpunkt aus erscheint es deshalb berechtigt, wenn man den Reisescheck nicht als einen „Scheck i. S. des Scheckgesetzes" bezeichnet[80]. Ändert sich dadurch auch nichts an der — allein maßgeblichen — formellen Scheckeigenschaft des DM-Reiseschecks, so bedeutet die Tatsache, daß die materiellen Bestimmungen des Scheckgesetzes auf den Scheck als Zahlungsmittel abgestellt sind, doch, daß die generelle Anwendung dieser Vorschriften auf den DM-Reisescheck zu Ergebnissen führen kann, die den besonderen Bedürfnissen dieses Papiers nicht gerecht werden. Daher wird es erforderlich sein, dies bei der Unterstellung des Reiseschecks unter das Scheckgesetz stets zu beachten und die Anwendbarkeit der Bestimmungen des Scheckgesetzes auf den Reisescheck im Einzelfall zu prüfen. Im Hinblick hierauf ist es gerechtfertigt und dem Wesen des Reiseschecks angemessener, wenn man ihn als *„Sonderform des Schecks"*[81] bezeichnet, um damit zum Ausdruck zu bringen, daß bei ihm besondere Eigenschaften vorliegen, die auch bei seiner rechtlichen Behandlung nicht unberücksichtigt gelassen werden können.

cc) Ergebnis

Zusammenfassend sind aus diesen Darlegungen folgende Schlußfolgerungen zu ziehen:

1. Der DM-Reisescheck stellt eine Sonderform des Schecks dar, deren Eigenart darin besteht, daß sie in der Gestalt eines *an eigene Order lautenden Orderschecks den Beweis der Deckung in sich trägt, in besonderer Weise fristgebunden und unwiderruflich ist.* In diesem Sinne kann man den Reisescheck entsprechend seiner wirtschaftlichen Eigenständigkeit als Geldtransportmittel unter

[80] Möglicherweise ist die Bemerkung bei *Trost-Schütz*, Bankgeschäftliches Formularbuch, a. a. O., S. 394, der Reisescheck sei kein Scheck i. S. des ScheckG, in diesem Sinne zu verstehen.

[81] *Rehfeldt*, Wertpapierrecht, München und Berlin 1962, S. 35 mit Bezug auf den Travelers Cheque.

den Papieren des internationalen Zahlungsverkehrs auch in rechtlicher Hinsicht als Wertpapier eigener Art bezeichnen[82].

2. Als Scheck unterliegt der DM-Reisescheck *grundsätzlich* den Bestimmungen des Scheckgesetzes.

   Mit Rücksicht auf den besonderen Charakter des Reiseschecks müssen jedoch *Ausnahmen* von diesem Grundsatz zugelassen werden, soweit die Bestimmungen des Scheckgesetzes nicht zwingender Natur sind und der Eigenart des Reiseschecks nicht gerecht werden.

2. Die Eignung des DM-Reiseschecks als Scheck nach den materiellen Vorschriften des Scheckgesetzes

Die Frage der Eignung des DM-Reiseschecks als Scheck nach den materiellen Vorschriften des Scheckgesetzes stellt sich im Hinblick auf seine Besonderheiten gegenüber dem normalen, als Zahlungsmittel verwandten Scheck. Sie schließt sich an die Feststellung an, daß der Reisescheck als formell gültiger Scheck dem Scheckgesetz unterliegt, und sei deshalb in diesem Zusammenhang erörtert.

a) Reisescheck und Annahmeverbot

Von Interesse ist hier zunächst, in welchem Verhältnis der Reisescheck zum Annahmeverbot des Art. 4 ScheckG steht, eine der grundlegenden Vorschriften des Scheckgesetzes, durch die der Charakter des Schecks als Zahlungsmittel gewährleistet werden soll.

Das Annahmeverbot des Art. 4 ScheckG stellt *zwingendes Recht* dar. Es gilt daher in jedem Falle auch für den Reisescheck. Nach der derzeitigen Ausgestaltung des DM-Reiseschecks ist dieses Verbot auch beachtet; denn eine Annahmeerklärung des Emissionsinstitutes ist in der Urkunde nicht enthalten[83]. Der Reisescheck selbst begründet auch in anderer Weise keine Zahlungsverpflichtung der bezogenen Bank. Insbesondere läßt sich eine derartige Verpflichtung nicht aus seinem Charakter als Deckungsbestätigung herleiten[84].

Ist der DM-Reisescheck als Scheck dem zwingenden Annahmeverbot des Art. 4 ScheckG unterworfen, so ist doch die Frage berechtigt, ob hierfür ein begründetes Bedürfnis besteht. Im Rahmen dieser Unter-

---

[82] Für die Eigenständigkeit des Reiseschecks in der ausländischen Literatur: *Soprano,* L'assegno di viaggio, in: Foro it. 1926 I, S. 1170; *Ascarelli,* In tema di assegno turistico, in: Dir. e prat. comm. 1926 II, S. 182; *Despax,* Les travellers chèques, in: Rev. trim. droit comm. 1957, S. 327; *Leysen,* Le chèque touristique américain, in: Rev. Banque 1951, S. 246.

[83] Vgl. oben S. 54.

[84] Vgl. oben S. 60 f.

suchung wird sie — de lege ferenda — erörtert werden dürfen, wobei zu prüfen ist, inwieweit die gesetzgeberischen Gründe für das Annahmeverbot auch beim Reisescheck stichhaltig sind.

aa) Die mangelnde Eignung des Reiseschecks als Kreditmittel

Der Zweck des Annahmeverbotes gem. Art. 4 ScheckG wird im allgemeinen darin gesehen, daß die Verwendung des Schecks als Kreditmittel in der Art des Wechsels verhindert werden soll[85].

Zum Kreditmittel könnte der Scheck nämlich ohne das Verbot des Art. 4 ScheckG dadurch werden, daß er ohne Deckung in Umlauf gebracht wird. Enthält der Scheck jedoch keine selbständige Zahlungsverpflichtung der Bank, so ist der Schecknehmer auf die Zahlung aus dem Guthaben des Ausstellers angewiesen. *Jacobi*[86] sieht deshalb im Hinblick darauf, daß der Aussteller mit dem Scheck über sein Guthaben beim Bezogenen verfügen soll[87], den Zweck des Annahmeverbotes letztlich darin, daß der Aussteller gezwungen werden soll, für den Scheck beim Bezogenen ein Guthaben bereitzuhalten.

Rechtfertigt sich aus diesem Grunde beim normalen, auf ein veränderliches Guthaben gezogenen Scheck das gesetzliche Verbot, so ist demgegenüber beim Reisescheck festzustellen, daß ihm von vornherein jegliche Eignung als Kreditmittel fehlt. Da die erforderliche Deckung hier bereits durch das Verfahren selbst sichergestellt wird, bedarf es hier keines „moralischen Zwanges“ des Gesetzes[88] auf den Aussteller, für die nötige Deckung zu sorgen. Dem Reisescheck kann die Deckung auch zwischenzeitlich nicht wieder entzogen werden, da der Berechtigte über sein bei der Ausgabe begründetes Guthaben nicht anderweitig verfügen kann. Hier kann also nicht wie beim normalen Scheck der Fall eintreten, daß der Scheck auf ein Guthaben gezogen wird, das bei Ausstellung des Papiers möglicherweise noch nicht oder bei der Präsentation nicht mehr vorhanden ist. Daraus folgt, daß der Reisescheck *kraft des ihm eigentümlichen Verfahrens* nicht als Kreditmittel Verwendung finden kann. Kreditpapier ist der Reisescheck — wie übrigens

---

[85] *Ulmer*, Das Recht der Wertpapiere, a. a. O., S. 305; *Hueck*, Recht der Wertpapiere, a. a. O., S. 101; *v. Gierke*, Das Recht der Wertpapiere, Köln-Berlin 1954, S. 81; *Stanzl*, Wechsel-, Scheck- und sonstiges Wertpapierrecht, a. a. O., S. 118; *Jacobi*, Wechsel- und Scheckrecht, a. a. O., S. 571; *Breit*, Scheck-, Giro- und Depositenrecht, a. a. O., § 10 ScheckG Anm. 1; *Fick*, Die Frage der Checkgesetzgebung auf dem europäischen Kontinent, Zürich 1897, S. 334.

[86] *Jacobi*, Wechsel- und Scheckrecht, a. a. O., S. 571.

[87] Es handelt sich dabei nicht um eine Verfügung im rechtlichen Sinne, da der Anspruch auf das Guthaben durch den Scheck nicht übertragen wird, vgl. *Ulmer*, Das Recht der Wertpapiere, a. a. O., S. 311.

[88] *Jacobi*, Wechsel- und Scheckrecht, a. a. O., S. 571.

auch der normale Scheck[89] — nur insofern, als die Einlösungsstelle oder ein sonstiger Dritter, der den Reisescheck in Zahlung nimmt, mit dem betreffenden Geldwert in Vorlage tritt und auf die spätere Honorierung durch das bezogene Kreditinstitut vertrauen muß. Der Reisescheck kann aber nicht im Sinne des Wechsels zu einem Kreditmittel werden. Ein gesetzliches Annahmeverbot aus diesem Grunde ist deshalb beim Reisescheck sinnlos.

bb) Die beschränkte Umlauffähigkeit des Reiseschecks

Nach einigen soll durch Art. 4 ScheckG ferner verhindert werden, daß der Scheck im Verkehr in der Art einer Banknote zirkuliert[90]. Auch insoweit erscheint ein gesetzliches Annahmeverbot beim Reisescheck nicht erforderlich; denn dieses Papier besitzt seiner Natur nach nur eine beschränkte Umlauffähigkeit.

Dies beruht einmal darauf, daß er — anders als der normale Scheck, der in der Praxis stets die Überbringerklausel enthält[91] — auf den Namen des Berechtigten lautet[92]. Abgesehen hiervon steht einer flüssigen, banknoten-ähnlichen Zirkulation das bei der Übertragung des Reiseschecks zu beobachtende Verfahren hinderlich im Wege. Schließlich kann sich hier ein derartiger Umlauf auch deshalb nicht entwickeln, weil die Reiseschecks von denjenigen, die sie in Zahlung nehmen oder hierauf Zahlungen leisten, alsbald den Kreditinstituten zur Einlösung vorgelegt werden, diese aber die von ihnen eingelösten Reiseschecks niemals wieder als Zahlungsmittel in den Verkehr bringen, sondern stets dem Emissionsinstitut zur Gutschrift einreichen. Die Kreditinstitute als Träger des Reisescheckverkehrs sorgen also bereits dafür, daß es zu einem banknoten-ähnlichen Umlauf nicht kommt[93]. Einer Zirkulation in größerem Umfang ohne Beteiligung der Kreditinstitute stände aber entgegen, daß sich die Einlösbarkeit der Reiseschecks um so mehr erschwert, je öfter sie den Besitzer wechseln. Er würde damit die Anerkennung im Verkehr verlieren, deren er zu einer banknoten-ähnlichen Zirkulation notwendigerweise bedarf.

Man könnte einwenden, die beschränkte Umlauffähigkeit des Reiseschecks würde gerade auch dadurch erreicht, daß in ihm eine Zahlungsverpflichtung des Emissionsinstitutes nicht verbrieft ist, so daß er diese Eigenschaft nicht mehr besäße, sobald er mit einer Annahmeerklärung

---

[89] *Jacobi,* Wechsel- und Scheckrecht, a. a. O., S. 4.

[90] *Baumbach-Hefermehl,* Wechselgesetz und Scheckgesetz, a. a. O., Art. 4 ScheckG Anm. 1; *Quassowski-Albrecht,* Scheckgesetz, Art. 4 ScheckG Anm. 1.

[91] Vgl. oben S. 62.

[92] Vgl. oben S. 62.

[93] Vgl. *Hahn,* Sind Spezialschecks und Goldzertifikate Geldersatz, in: BlGenW 1960, S. 143.

des Emissionsinstitutes versehen ist. Dieser Einwand ist jedoch nicht stichhaltig; denn in der Praxis werden die Benutzer von Reiseschecks — ohne Kenntnis seines tatsächlichen rechtlichen Gehaltes — auf Grund der äußeren Ähnlichkeit des Reiseschecks mit der Banknote im allgemeinen davon ausgehen, daß dieses Papier den auf ihm angegebenen Wert repräsentiert. Man wird deshalb annehmen dürfen, daß sich an der beschränkten Umlauffähigkeit des Reiseschecks auch dann nichts ändert, wenn der ihm im Verkehr beigemessene rechtliche Gehalt auch tatsächlich durch eine Annahmeerklärung seitens der Emissionsinstitute begründet würde.

Dies wird auch durch einen Blick auf ausländische Reiseschecks deutlich, die zu einem großen Teil eine Zahlungsverpflichtung des Emissionsinstitutes verbriefen. Zwar wird von ausländischen Emissionsinstituten vielfach gerade mit dem Hinweis darauf für ihre Reiseschecks geworben, daß diese wie „richtiges Geld" verwendet werden könnten[94]. In der Praxis zirkulieren aber auch diese Reiseschecks nicht in einer banknoten-ähnlichen Weise; denn auch die ausländischen Emissionsinstitute bemühen sich — entgegen ihren Ankündigungen in der Werbung —, eine Zirkulation ihrer Reiseschecks zu verhindern[95]. Offenbar soll jene Werbung auch gar nicht bedeuten, daß die Reiseschecks wie Banknoten umlaufen können, sondern daß sie durch ihre leichte Einlösbarkeit und Verwertbarkeit lediglich dem *Erwerber* die Möglichkeit geben, sie „wie Geld" zu verwenden. Festzustellen ist jedenfalls, daß auch solche Reiseschecks, die ein Forderungsrecht verbriefen, sich nur in beschränktem Maße als zirkulationsfähig erweisen[96]. Der Grund hierfür liegt letztlich darin, daß der Sicherheitszweck des Reisescheckverfahrens einen banknoten-ähnlichen Umlauf dieses Papiers ausschließt.

cc) Besteht ein Bedürfnis für den Ausschluß der Schuldnerstellung des Emissionsinstitutes?

Soweit man schließlich den Zweck des Annahmeverbotes gem. Art. 4 ScheckG auch darin sieht, daß das bezogene Kreditinstitut auf die Stellung des Zahlungsorgans beschränkt und nicht selbst zum Schuldner

---

[94] Vgl. z. B. die Werbeschrift der American Express Company „Travelers Cheque Reference Guide", auszugsweise bei *Sereni,* L'assegno turistico americano, in: Banca, borsa, titoli 1950 I, S. 49 N. 9.

[95] *Sereni,* L'assegno turistico americano, in: Banca, borsa, titoli 1950 I, S. 57 N. 8; *Despax,* Les travellers cheques, in: Rev. trim. droit comm. 1957, S. 348 Nr. 45 b; *Leysen,* Le chèque touristique américain, in: Rev. Banque 1951, S. 258.

[96] Vgl. hierzu *Ascarelli,* La girabilità del „traveller's check", in: R. D. C. 1929 II, S. 337, wo es heißt: „Sono titoli destinati al trasporto del denaro e al pagamento e sarà quindi normalmente breve il periodo della loro circolazione."

werden soll[97], handelt es sich im Grunde nur um eine andere Umschreibung der bereits erörterten gesetzgeberischen Gründe. Das bezogene Kreditinstitut soll nicht selbst Schuldner sein, weil dadurch der Scheck zum Kreditpapier i. S. eines Wechsels werden könnte, möglicherweise auch wie eine Banknote in Umlauf gesetzt würde. Da derartige Gefahren beim Reisescheck — wie oben dargelegt — nicht zu besorgen sind, besteht deshalb auch kein Anlaß, das Emissionsinstitut nicht zum Schuldner werden zu lassen. Im übrigen erscheint es vom Standpunkt des Reisescheckverkehrs insofern wünschenswert, wenn eine Schuldnerstellung des Emissionsinstitutes im Reisescheck begründet würde, als dadurch die unentbehrliche Garantie für die Einlösung *rechtlich* verstärkt würde.

dd) Zusammenfassung

Zusammenfassend ist festzustellen, daß ein begründetes Bedürfnis, die Annahme des Reiseschecks durch die bezogenen Kreditinstitute *von Gesetzes wegen* zu verbieten, nicht ersichtlich ist. Allerdings würde die Annahme des Reiseschecks auch steuerrechtliche Konsequenzen haben, da sie gem. § 6 Abs. 2 WStG die Wechselsteuerpflicht auslösen würde. Die bestehende Praxis mag sich deshalb aus Kostengründen empfehlen. *Scheckrechtlich* brauchten jedoch — de lege ferenda — keine Bedenken zu bestehen, für den Reisescheck eine Ausnahme vom Annahmeverbot des Art. 4 ScheckG zuzulassen.

b) Reisescheck und Vorlegungsfrist

Zwingend gilt für den Reisescheck als Scheck ferner die Vorschrift des Art. 29 ScheckG, wonach im Scheckverkehr bestimmte Vorlegungsfristen zu beachten sind. Von der Einhaltung der jeweils geltenden Vorlegungsfrist ist der Eintritt der wesentlichen scheckrechtlichen Wirkungen abhängig gemacht. Auf diese Weise soll erreicht werden, daß der Inhaber den Scheck alsbald zur Zahlung vorlegt.

Es wurde oben bereits hervorgehoben, daß der Reisescheck seinem Zweck entsprechend nicht auf eine baldige Realisierung angelegt ist[98], so daß die kurzen Fristen des Art. 29 ScheckG hier im allgemeinen verstrichen sein werden, wenn der Reisescheck beim Emissionsinstitut zur Zahlung vorgelegt wird.

aa) Die Folgen der Bindung des Reiseschecks an die Vorlegungsfrist

Aus dem Umstand, daß der Reisescheck als Scheck einerseits der Bindung an die Vorlegungsfrist unterliegt, andererseits aber innerhalb

[97] *Quassowski-Albrecht,* Scheckgesetz, Art. 4 ScheckG Anm. 1, unter Hinweis auf die Begründung zum Scheckgesetz von 1908, S. 25.

[98] Vgl. oben S. 62 f.

dieser Frist in aller Regel nicht zur Zahlung präsentiert werden kann, ergeben sich folgende Konsequenzen:

Nach Art. 24 Abs. 1 ScheckG entfallen die besonderen Wirkungen des Indossaments u. a. dann, wenn ein Indossament nach Ablauf der Vorlegungsfrist auf den Scheck gesetzt wird. Es hat in diesem Fall nur die Wirkungen einer gewöhnlichen Abtretung. Da auch die Übertragung des Reiseschecks sehr häufig außerhalb der Vorlegungsfrist vorgenommen werden wird, würde also einem Indossament, das bei dieser Gelegenheit auf dem Reisescheck angebracht wird, nicht die spezifische rechtliche Bedeutung zukommen. In allen diesen Fällen würden also die Vorschriften des Zweiten Abschnittes des ScheckG (Art. 14 ScheckG ff.) nicht wirksam werden. Allerdings wird für den Indossatar im Regelfall die Vermutung des Art. 24 Abs. 2 ScheckG eintreten, wonach bis zum Beweis des Gegenteils ein nichtdatiertes Indossament als vor Ablauf der Vorlegungsfrist auf den Scheck gesetzt gilt. Da diese Vermutung aber widerlegt werden kann, ist die Wirksamkeit eines Indossamentes auf dem Reisescheck im Streitfalle doch fraglich.

Diese Folge erscheint bedenklich. Im Reisescheckverkehr besteht — wie oben hervorgehoben wurde[99] — ein besonderes Bedürfnis nach einem weitgehenden Schutz derer, die Reiseschecks am dritten Ort honorieren oder in Zahlung nehmen, da ihre Bereitwilligkeit hierzu Voraussetzung für den Erfolg des Verfahrens ist. Ein solcher Schutz würde durch ein wirksames Indossament gewährleistet sein; denn auf Grund des Indossaments erwirbt der Indossatar alle Rechte aus der Urkunde (Art. 17 Abs. 1 ScheckG), wird der Indossatar als rechtmäßiger Inhaber legitimiert, sofern er sein Recht durch eine ununterbrochene Indossamentenkette nachweist (Art. 19 ScheckG), und wird insbesondere ein gutgläubiger Erwerb der Urkunde und des in ihr verbrieften Rechts möglich (Art. 21 ScheckG). Es erscheint im Hinblick auf die Bedürfnisse des Reisescheckverkehrs wenig wünschenswert, wenn diese Wirkungen hier in Frage gestellt werden. Der Schutz Drittbeteiligter im Reisescheckverkehr sollte rechtlich unzweifelhaft sein.

Eine andere Ansicht wird in der Literatur allerdings von *Käser*[100] vertreten. Er meint, für die Wirksamkeit des Indossamentes bestehe in der Praxis kaum ein Bedürfnis, „weil mit den beiden Unterschriften des Ausstellers versehene Reiseschecks von den bezogenen Kreditinstituten ohne gültiges Indossament gegen einfache Quittung eingelöst zu werden pflegen, sofern nicht Betrug oder Fälschung mit im Spiel sind“. Sicherlich wird es in der Praxis selten zu Streitigkeiten darüber kommen, ob ein Indossament auf dem Reisescheck wirksam ist

---

[99] Vgl. oben S. 52 f.

[100] *Käser*, Rechtliche Aspekte . . ., in: ZKW 1962, S. 400.

oder nicht. Vom Grundsätzlichen her kann jedoch der Auffassung *Käsers* aus den oben dargelegten Gründen nicht zugestimmt werden. Es wäre auch nicht einzusehen, warum man den Reisescheck als Orderpapier ausgestaltete, wenn man nicht ein Bedürfnis dafür sah, daß dieses Papier durch Indossament übertragen werden könnte. Folgerichtigerweise sollte deshalb auch die Wirksamkeit des Indossaments gewährleistet sein.

Die Einhaltung der Vorlegungsfrist ist gem. Art. 41 ScheckG auch für den *Rückgriff mangels Zahlung* Voraussetzung (Art. 40 ScheckG ff.). Da diese Frist im Zeitpunkt der Vorlage des Reiseschecks beim Emissionsinstitut in aller Regel verstrichen sein wird, ist hier die Möglichkeit der Rückgriffnahme im Reisescheckverkehr im allgemeinen nicht gegeben.

Diesem scheckrechtlichen Institut kommt allerdings hier auch kaum praktische Bedeutung zu, da die Regreßnahme in erster Linie dann in Betracht kommt, wenn die Zahlung *mangels Deckung* verweigert wird, dieser Fall aber im Reisescheckverkehr nicht eintreten kann.

bb) Die mangelnde Eignung des Reiseschecks für eine Bindung an die Vorlegungsfrist

Man mag die Folgen der Bindung des Reiseschecks an die scheckrechtliche Vorlegungsfrist in der Praxis nicht für sehr bedeutsam halten, in der rechtlichen Ausgestaltung des Reiseschecks als Scheck liegt aber ein Widerspruch, wenn er nicht wie der normale Scheck dazu gedacht ist, innerhalb kurzer Zeit realisiert zu werden, andererseits aber auch bei ihm der Eintritt der wesentlichen scheckrechtlichen Wirkungen von der Einhaltung der Vorlegungsfrist abhängig ist.

Für diese Bindung ist auch — ebenso wie für das Annahmeverbot des Art. 4 ScheckG — ein begründetes Bedürfnis nicht zu erkennen. Die Vorlegungsfrist soll einerseits im öffentlichen Interesse sicherstellen, daß der Scheck nicht zum Kreditmittel wird, andererseits dient sie den Interessen der Rückgriffpflichtigen, indem sie die Gefahr der Inanspruchnahme verringert[101]. In beiden Hinsichten ist die Bindung des Reiseschecks an die Vorlegungsfrist nicht gerechtfertigt. Das öffentliche Interesse scheidet aus, weil der Reisescheck sich seinem Wesen nach nicht als Kreditmittel eignet. Das Interesse der Rückgriffpflichtigen dagegen kann nicht in dieser Weise geschützt werden, wenn sie in aller Regel überhaupt erst nach Ablauf der Vorlegungsfrist rückgriffpflichtig werden. Die Regreßnahme wird hier auch selten praktisch

---

[101] *Jacobi*, Wechsel- und Scheckrecht, a. a. O., S. 272; *Quassowski-Albrecht*, Scheckgesetz, Art. 24 ScheckG Anm. 2, S. 148.

werden. Die *Möglichkeit* des Regresses sollte aber bei einem längerfristigen Papier nicht von vornherein durch eine Bindung an eine ihm nicht gemäße Vorlegungsfrist ausgeschlossen werden.

c) Reisescheck und Scheckstrenge allgemein

Im *Ergebnis* ist festzustellen, daß der Reisescheck seiner Natur nach wenig geeignet ist, als Scheck der Strenge des Scheckgesetzes unterworfen zu sein, die in den zwingenden Vorschriften über das Annahmeverbot und die Vorlegungsfrist dem Scheck als *Zahlungsmittel* gilt. Sie muß einem Papier, das — wie der Reisescheck — aus der Praxis für besondere Zwecke entwickelt wurde, fremd sein. Derartige neugeschaffene Einrichtungen unterliegen eigenen Bedürfnissen, deren Berücksichtigung auch auf Grund der gesetzlichen Grundlage, der eine solche Einrichtung zugeordnet wird, möglich sein sollte. Unter diesem Gesichtspunkt dürfte dem Reisescheck die allgemeinere, zwanglose Form der kaufmännischen Anweisung gem. § 363 HGB angemessener sein. Hält man aber eine spezielle gesetzliche Regelung für erforderlich, sollte diese dem besonderen Charakter des Papiers voll gerecht werden. Vom Standpunkt der Praxis, die sich den jeweiligen Bedürfnissen von selbst anzupassen pflegt und deshalb rechtliche Unstimmigkeiten möglicherweise nicht für sehr wesentlich hält, mag die Unterstellung des Reiseschecks unter gesetzliche Vorschriften, bei deren Erlaß an diese Einrichtung nicht gedacht war, nicht von großer Bedeutung sein, vom *rechtlichen* Standpunkt hat diese Unterstellung etwas Gewaltsames an sich. So sagt auch *Despax*[102]: „Le travellers chèque comme toutes les institutions nées de la pratique est un titre quelque peu anarchique qu'il parait singulièrement difficile de vouloir soumettre à un droit rigide que celui du chèque."

Beim DM-Reisescheck hat sich die Praxis für die Form des Schecks i. S. des Scheckgesetzes entschieden. Sein rechtlicher Charakter als Scheck steht damit außer Frage, könnte man auch zweifeln, ob dies die seinem Wesen gemäße Form ist.

IV. Abgrenzung des DM-Reiseschecks gegenüber Kreditbrief und Banknote

Das Wesen des Reiseschecks wird in der Literatur auch darin gesehen, daß er Elemente des Schecks, des Kreditbriefs und der Banknote in sich vereine[103]. Nachdem das Verhältnis zwischen dem gewöhnlichen

---

[102] *Despax*, Les travellers chèques, in: Rev. trim. droit comm. 1957, S. 327; Nr. 10; vgl. auch ders. in: D. H. 1961 Jurisprudence S. 57.

[103] *Despax*, Les travellers chèques, in: Rev. trim. droit comm. 1957, S. 327; vgl. auch *Rothschild*, Taschenbuch für Kaufleute, Leipzig 1927, S. 345.

Scheck und dem DM-Reisescheck im vorhergehenden ausführlich dargestellt worden ist, ist es deshalb erforderlich, zur weiteren Klarstellung der Rechtsnatur des Reiseschecks, ihn sowohl dem Kreditbrief (1) als auch der Banknote (2) vergleichend gegenüberzustellen.

1. Reisescheck und Kreditbrief

Die enge Verwandtschaft zwischen dem Reisescheck und dem Kreditbrief, insbesondere dem Reisekreditbrief, ist offensichtlich[104]. Sie ergibt sich bereits daraus, daß der Reisescheck aus dem Kreditbrief entwickelt worden ist und dessen Nachfolge angetreten hat[105]. Es überrascht daher nicht, wenn der Reisescheck in der ausländischen Literatur verschiedentlich als eine Abart des Zirkularkreditbriefes bezeichnet wird[106]. Ebenso hat auch der deutsche Delegierte auf der Scheckrechtskonferenz in Den Haag im Jahre 1912 die Auffassung vertreten, daß der Reisescheck, der damals nur in der Form des Travelers Cheque im Verkehr war, dem Kreditbrief gleichzustellen sei[107]. Für den deutschen Reisescheck trifft diese Ansicht jedoch nicht zu.

Allerdings läßt sich auch hier die enge Verwandtschaft nicht verkennen. Sie besteht vor allem im gleichen *wirtschaftlichen Zweck,* der mit beiden Papieren verfolgt wird: die Sicherheit des Geldtransportes. Dem entspricht es, wenn in beiden Fällen zur Erreichung dieses Zweckes ein Verfahren angewandt wird, das hier wie dort auf dem Prinzip der Identitätsfeststellung durch doppelte Unterschriftsleistung des Berechtigten beruht. Im übrigen ist jedoch, abgesehen auch von der unterschiedlichen äußeren Form der beiden Papiere, das Verfahren sehr verschieden, wobei hier insbesondere darauf hingewiesen sei, daß der Reisekreditbrief dem Begünstigten nur bei bestimmten, in der beigefügten Korrespondenzliste aufgeführten Banken Zahlung verschaffte[108], während diese Bindung beim Reisescheck gerade fortgefallen

---

[104] Vgl. *Koch,* Banken und Bankgeschäfte, a. a. O., S. 278.

[105] Vgl. oben S. 19.

[106] *Valéry,* Des chèques en droit français, Paris 1936, S. 77, Nr. 75. — In der amerikanischen Literatur wird auch von einer Verbindung von Reisekreditbrief und Tratte gesprochen, vgl. Yale L. J. Bd. 47, S. 472, mit Bezug auf *Williston,* Negotiable Instruments, a. a. O., S. 290 N. 6.

[107] *Bouteron,* Le Chèque, Paris 1924, S. 160 N. 2; auch *Despax,* Les travellers chèques, in: Rev. trim. droit comm. 1957, S. 327 sieht bei einer Abgrenzung der drei genannten Papiere mit dem T. C. die größte Verwandtschaft zwischen diesem und dem Kreditbrief.

[108] Von *Cohn,* Die Kreditgeschäfte, in: Endemanns Handbuch des Deutschen Handels-, See- und Wechselrechts Bd. 3, Leipzig 1885, S. 1128, wird zwar auch der an jedermann gerichtete, adressatenlose Kreditbrief genannt, der in England als Generalkreditbrief bezeichnet wurde. Der Praxis ist diese Form jedoch unbekannt geblieben, vgl. Koch, Banken und Bankgeschäfte, a. a. O., S. 245.

ist, um dem Inhaber eine größere Beweglichkeit bei der Verwertung zu geben[109].

In rechtlicher Hinsicht ist zwischen dem Kreditbrief und dem Reisescheck eine Verwandtschaft insofern festzustellen, als beide Papiere Anweisungscharakter haben und bei Sicht zahlbar sind. Jedoch unterscheiden sie sich zugleich wesentlich voneinander.

Der Kreditbrief enthält eine Anweisung der Emissionsbank an ihre Korrespondenzbanken[110], während dem Reisescheck eine solche des Erwerbers gegen das Emissionsinstitut zugrunde liegt[111]. Im ersten Falle wird das Emissionsinstitut gegenüber der Korrespondenzbank in Höhe des ausgezahlten Betrages erstattungspflichtig[112], sofern nicht — was bei Reisekreditbriefen, die regelmäßig Zirkularkreditbriefe sind, kaum vorkommen wird — das Emissionsinstitut bereits für die Dekkung bei der Korrespondenzbank gesorgt hat. Anders wird beim Reisescheck stets auf ein vorhandenes Guthaben beim Bezogenen gezogen. Mit anderen Worten: der Reisekreditbrief enthält regelmäßg eine *Anweisung auf Kredit*[113], während die Anweisung des DM-Reiseschecks — wie oben festgestellt wurde[114] — eine *Anweisung auf Schuld* (§ 787 BGB) darstellt.

Abgesehen hiervon handelt es sich bei einem Kreditbrief um eine bürgerlich-rechtliche Anweisung[115], beim Reisescheck dagegen um eine an Order lautende und daher ihrem allgemeinen Charakter nach kaufmännische Anweisung[116]. Der Unterschied zwischen beiden Papieren wird hierbei um so größer, als der Kreditbrief — in Abweichung von den

---

[109] Zum Kreditbriefverfahren im einzelnen vgl. *Koch*, Kreditbriefgeschäft, in: Rechtsvergleichendes Handwörterbuch 5. Bd., Berlin 1936, S. 245.

[110] *Hueck*, Recht der Wertpapiere, a. a. O., S. 18; Koch, Banken und Bankgeschäfte, a. a. O., S. 245; *Schumann*, Handelsrecht Bd. II, a. a. O., S. 432.

[111] Vgl. oben S. 46 f.

[112] Die Emissionsbank erfüllt diese Pflicht im Kreditbriefgeschäft in der Regel durch Honorierung einer auf sie gezogenen Tratte.

[113] Dem steht das Urteil RG 22. 9. 1906 RGZ 64, 108, wo es heißt, der Kreditbrief sei eine Unterart der Anweisung zur Zahlung, „nicht — trotz seinem Namen — zur Kreditierung", nicht entgegen. Denn dort ist das Verhältnis der Korrespondenzbank zum Begünstigten und die Abgrenzung des Kreditbriefes gegenüber dem Kreditauftrag gemeint, nicht jedoch die Beziehung zwischen dem Anweisenden und dem Angewiesenen, auf die es im vorliegenden Zusammenhang ankommt.

[114] Vgl. oben S. 47.

[115] *Koch*, Banken und Bankgeschäfte, a. a. O., S. 274; *Hueck*, Das Recht der Wertpapiere, a. a. O., S. 18.

[116] Nach *Düringer-Hachenburg*, Handelsgesetzbuch, a. a. O., Anhang IV zu §§ 363—365 HGB Anm. 2, S. 938, sollen zwar auch Orderkreditbriefe vorkommen, sie sind jedoch der Praxis unbekannt geblieben, vgl. *Koch*, Banken und Bankgeschäfte, a. a. O., S. 245.

anweisungsrechtlichen Vorschriften des § 792 BGB — stets unübertragbar und daher an die Person des Begünstigten gebunden ist[117].

2. *Reisescheck und Privatbanknote*

Soweit der Reisescheck mit der Banknote verglichen wird, kann es sich nur um einen Vergleich mit der in Deutschland nicht mehr zulässigen Privatbanknote handeln. Die heute von der Deutschen Bundesbank herausgegebenen Banknoten sind nach allgemein herrschender Anschauung keine dem Privatrecht angehörenden Wertpapiere, sondern Geldzeichen öffentlich-rechtlicher Natur[118]. Mit der Banknote in diesem Sinne hat der Reisescheck — sieht man von einer gewissen äußeren Ähnlichkeit ab — nichts gemein[119]. Zu einem Vergleich eignet sich also nur die Banknote nach früherer privatrechtlicher Auffassung.

In wirtschaftlicher Hinsicht ist hier auf der einen Seite eine Verwandtschaft unter dem Gesichtspunkt der *Kreditbewertung* festzustellen, die in beiden Fällen durch die Bonität der emittierenden Bank bedingt ist[120]. Auf der anderen Seite besteht jedoch dem wirtschaftlichen *Zweck* nach ein erheblicher Unterschied. Denn die Banknote ist Zahlungsmittel, das als solches ständig im Verkehr zirkuliert, während der Reisescheck als Mittel zum sicheren Geldtransport nach Erfüllung dieser Aufgabe seiner baldigen Entwertung zustrebt[121].

Ein *rechtlicher* Vergleich der Privatbanknote mit dem Reisescheck zeigt eine völlige Verschiedenheit der beiden Papiere. Denn die Banknote im privatrechtlichen Sinne wurde früher als ein abstraktes Zahlungsversprechen der Bank zur Zahlung an den Inhaber bei Sicht bzw. als Inhaberschuldverschreibung aufgefaßt[122]. Der DM-Reisescheck enthält dagegen kein Zahlungsversprechen der Bank, sondern eine Zahlungsanweisung des Erwerbers, die lediglich mit einer Deckungsbestätigung der Bank verbunden ist. Es handelt sich bei ihm auch nicht

---

[117] Auf diesen Unterschied wird auch in der französischen Literatur mit Bezug auf den T. C. hingewiesen, vgl. *Valéry*, Des chèques en droit français, a. a. O., S. 77 Nr. 75; *Despax*, Les travellers chèques, in: Rev. trim. droit comm. 1957, S. 340.

[118] Vgl. *Hueck*, Das Recht der Wertpapiere, a. a. O., S. 115; *Locher*, Das Recht der Wertpapiere, Tübingen 1947, S. 34; *Rehfeldt*, Wertpapierrecht, a. a. O., S. 22.

[119] Eine andere Frage ist, ob die Reiseschecks eine Art unzulässigen Banknoten-Ersatzes i. S. des § 35 BundesbankG sind. Hierauf wird später noch eingegangen werden.

[120] Bzgl. der Banknote vgl. *Conrad*, Handbuch des deutschen Scheckrechts, a. a. O., S. 18; *Lessing*, Scheckgesetz vom 11. März 1908, a. a. O., S. XXXVIII. — Für den Reisescheck vgl. oben S. 59.

[121] *Hahn*, Sind Spezialschecks und Goldzertifikate Geldersatz, in: BlGenW 1960, S. 143; vgl. auch oben S. 63.

[122] *Hueck*, Das Recht der Wertpapiere, a. a. O., S. 115.

um ein Inhaber-, sondern um ein Namenspapier[123]. Durch diese unterschiedliche rechtliche Ausgestaltung wird letztlich erreicht, daß der Reisescheck nicht mit den Nachteilen der Banknote behaftet ist und seine Mitnahme daher ein geringeres Risiko bedeutet als das Mitsichführen baren Geldes.

3. *Zusammenfassung*

Der Vergleich zwischen dem DM-Reisescheck und dem Kreditbrief einerseits sowie der Banknote andererseits läßt den eigenständigen Charakter des Reiseschecks auch gegenüber diesen Papieren deutlich erkennen. Es verbindet ihn mit diesen nur eine Verwandtschaft in wirtschaftlicher Beziehung, während seine rechtliche Natur durch seine äußere Ausgestaltung als Orderscheck geprägt ist. Die Bezeichnung des Reiseschecks als einer Verbindung von Scheck, Kreditbrief und Banknote trifft damit in dem Sinne zu, daß der Reisescheck mit dem Scheck die Form und mit dem Kreditbrief den Zweck gemein hat, während er mit der Banknote durch die gleiche Art der Kreditbewertung verwandt ist.

(B) Die ausländischen Reiseschecks

I. Literatur und Rechtsprechung

Mehr als der einheitliche DM-Reisescheck wird in der Literatur der ausländische Reisescheck behandelt, wobei im allgemeinen der amerikanische Travelers Cheque gemeint ist. Im Vordergrund steht auch hier die Frage, ob ein Scheck i. S. des Scheckgesetzes vorliegt. Zu beachten ist, auf welchen Reisescheck-Typ sich die jeweilige Stellungnahme bezieht, ob auf den als Zahlungsversprechen formulierten (1) oder auf den seinem Wortlaut nach als Zahlungsanweisung gestalteten Reisescheck (2).

1. *Die Auffassung des Zahlungsversprechenstyps als kaufmännischer Verpflichtungsschein*

Das Reichsgericht hatte einen Travelers Cheque mit Zahlungsversprechenscharakter — es handelte sich um das ursprüngliche Formular der American Express Company — auf Grund einer Wechselsteuerklage dieser Gesellschaft gegen den hamburgischen Fiskus auf seine rechtliche Natur zu untersuchen[124]. Der Amexco-Scheck lautete damals:

American Express Company
at its paying agencies
will pay to the order of . . . $ 10.

---

[123] Vgl. *Despax*, Les travellers chèques, in: Rev. trim. droit comm. 1957, S. 347.

[124] RG 10. 5. 1912 RGZ 79, S. 342 ff. (= BankA 12. Jahrgang, S. 304).

Entgegen der Ansicht der Klägerin, die dieses Formular für einen nicht wechselsteuerpflichtigen, gewöhnlichen Scheck hielt, entschied das Reichsgericht, ein Scheck liege nicht vor, da in der Urkunde nach ihrem unzweideutigen Wortlaut keine Anweisung enthalten sei, die ein Scheck nach deutschem wie nach englisch-amerikanischem Recht voraussetze. Die Bank erkläre vielmehr, daß sie bei ihren Zahlstellen zahlen werde. Diese könnten nicht als Bezogene gelten, die Gesellschaft bediene sich ihrer nur als Gehilfen oder Beauftragte bei der Einlösung. Ebensowenig liege auch eine Anweisung des Käufers des Reiseschecks vor. Wenn dieser den Reisescheck weitergebe, so weise er seinen Nachmann nicht auf ein ihm zustehendes Guthaben an, sondern verschaffe diesem nur die Rechte aus dem Papier. Das Reichsgericht kam deshalb zu dem Ergebnis, daß es sich bei dem ihm vorliegenden Papier um einen kaufmännischen Verpflichtungsschein handele[125].

Unter Bezugnahme auf diese Entscheidung wird auch in der Literatur der Reisescheck vielfach als kaufmännischer Verpflichtungsschein bezeichnet[126].

2. *Die Beurteilung des Travelers Cheque mit Anweisungscharakter*

Über die rechtliche Natur des Travelers Cheque mit Anweisungscharakter werden unterschiedliche Auffassungen vertreten.

a) Anerkennung der Scheckeigenschaft

Teilweise hält man sie für Schecks i. S. des Scheckgesetzes. In diesem Sinne hat insbesondere der RFH[127] die Rechtsnatur dieses Reiseschecks in Übereinstimmung mit *Dyckerhoff*[128] beurteilt. Es handelte sich wiederum um eine Wechselsteuerklage der American Express

---

[125] Dieselbe Ansicht hatte für ein gleiches Formular des Norddeutschen Lloyd Bremen vorher bereits *Mampe*, Unterliegen die internationalen Reiseschecks des Norddeutschen Lloyd der Wechselstempelsteuer, in: BankA 1908/1909, S. 340, vertreten mit der Begründung, als trassiert-eigene Schecks seien diese Travelers Cheques nicht zulässig, außerdem entspreche die faksimilierte Ausstellerunterschrift nicht der für die Unterschrift des Scheckausstellers vorgeschriebenen Form.

[126] Vgl. *Staub-Gadow*, Kommentar zum Handelsgesetzbuch, a. a. O., § 363 HGB Anm. 1 a; *Heymann-Kötter*, Handelsgesetzbuch, a. a. O., § 363 HGB Anm. 2 a; *Ritter*, Kommentar zum Handelsgesetzbuch, München und Berlin 1932, S. 496. Daß diesen Stellungnahmen, obwohl allgemein formuliert, keine allgemeine Geltung zukommt, ist oben — S. 42 — bereits hervorgehoben worden.

[127] RFH 2. 3. 1926 RFHE 18, S. 274 ff.

[128] *Dyckerhoff*, Die Steuerpflicht ausländischer Schecks, in: BankA 1925/1926, S. 79, auf dessen Ausführungen die Entscheidung des RFH offenbar weitgehend beruht, vgl. *Breit*, Scheck-, Giro- und Depositenrecht, a. a. O., § 29 ScheckG Anm. 13, S. 883, N. 6.

Company, die ihren Travelers Cheque mit Rücksicht auf die Entscheidung des Reichsgerichts aus dem Jahre 1912 in eine Zahlungsanweisung umformuliert hatte. Er hatte nunmehr den heutigen Wortlaut[129]. Der RFH führt in seinem Urteil aus, das in diesem Reisescheck beurkundete Rechtsverhältnis entspreche nicht den Erfordernissen eines Schuldversprechens, und legt die Urkunde nach dem Grundsatz des § 133 BGB dahin aus, daß der Käufer des Schecks als Aussteller anzusehen sei, weil er allein eine ordnungsmäßige Unterschrift auf dem Formular leiste, durch die allererst ein Recht aus der Anweisung existent werde. Auch habe die Klausel „from our balance" nur vom Standpunkt des Käufers aus einen Sinn, weil die Gesellschaft, soweit sie selbst oder durch ihre Filialen zahle, nicht von einem eigenen Guthaben, aus dem gezahlt werden soll, reden könne. Andererseits werde auch die Einlösung durch eine andere selbständige Bank nicht von dem Vorhandensein eines Guthabens abhängig gemacht. Der RFH kommt danach zu dem Ergebnis, daß es sich hier um einen gewöhnlichen Scheck handele, „der von demjenigen, der sich durch Einzahlung des im Scheckformular vermerkten Geldbetrages ein Guthaben bei der amerikanischen Bank verschafft hat, auf diese Bank gezogen ist und bei ihren Zahlstellen eingelöst wird."

Auch in der Literatur sprechen einige — allerdings ohne die Art des Reiseschecks näher zu bezeichnen[130] — davon, daß Reiseschecks Rektaschecks seien[131]. Ebenso scheint man die Scheckeigenschaft zu bejahen, wenn man ihn als „Sonderform des Schecks" qualifiziert[132]. Soweit man dagegen im Reisescheck einen trassiert-eigenen Scheck sieht[133], dürfte der Beurteilung anglo-amerikanisches Scheckrecht zugrunde gelegt sein[134].

b) Ablehnung der Scheckeigenschaft

Nach einer anderen Meinung haben Travelers Cheques der hier fraglichen Form keine Scheckqualität. Der Entscheidung des RFH wird dabei

---

[129] Vgl. oben S. 31.

[130] Daß der Anweisungstyp des Travelers Cheque gemeint ist, wird man aus der Qualifizierung als Scheck folgern dürfen.

[131] *Schumann*, Handelsrecht Bd. II, S. 412; *Quassowski-Albrecht*, Scheckgesetz, a. a. O., Art. 5 ScheckG Anm. 9; ebenso *Boecker*, Pfändung der Rechte aus Schecks auf Reiseverkehrs-Sonderkonten, in: BankA 1933, S. 328, mit Bezug auf den sog. Registermarkscheck, der im Ausland für Reisen nach Deutschland erworben werden konnte.

[132] *Rehfeldt*, Wertpapierrecht, a. a. O., S. 35.

[133] *Koch*, Banken und Bankgeschäfte, a. a. O., S. 278; *Dyckerhoff*, Die Steuerpflicht ausländischer Schecks, in: BankA 1925/26, S. 80 mit Bezug auf den T. C. der Bank of Montreal, N. Y., und auf den T. C. der National City Bank of N. Y.

[134] Vgl. *Breit*, Scheck-, Giro- und Depositenrecht, a. a. O., § 5 ScheckG Anm. 15, der die T. C. als „echte und rechte Schecke" bezeichnet, sie jedoch als deutsche Schecks nicht für denkbar hält.

teilweise ausdrücklich widersprochen[135]. Die Auffassung des Reiseschecks als Scheck wird deshalb abgelehnt, weil die Ausstellerunterschrift, die vom Schatzmeister der betreffenden Gesellschaft geleistet werde, faksimiliert sei, eine solche Ausstellerunterschrift aber nach deutschem Scheckrecht nicht zulässig sei[136]. Eine positive rechtliche Definition des Reiseschecks wird hierbei im allgemeinen nicht gegeben. Lediglich *Stanzl*[137] meint, Reiseschecks, die wegen einer fehlenden Zahlungsanweisung oder wegen der faksimilierten Ausstellerunterschrift keine gültigen Schecks sein könnten, stellten entweder Verpflichtungsscheine oder Anweisungen dar[138]. Die Rechtsnatur des Reiseschecks sei in jedem einzelnen Falle zu prüfen. Stets handele es sich aber wegen der Gegenzeichnung durch den Reisenden um Rektapapiere.

II. Das maßgebliche Recht für die Beurteilung der Rechtsnatur ausländischer Reiseschecks

Die Frage nach der Rechtsnatur der Reiseschecks ausländischer Emissionsinstitute, die im Inland für Reisen nach dem Ausland erworben oder auch von Ausländern bei hiesigen Banken eingelöst werden können, wirft die international-privatrechtliche Vorfrage auf, welches Recht der Beurteilung dieser Formulare zugrunde zu legen ist[139].

1. Das maßgebliche Recht nach dem Scheckgesetz

Deutsche Gerichte hätten bei der Prüfung dieser Frage von der scheckrechtlichen Kollisionsnorm des Art. 62 Abs. 1 ScheckG auszuge-

---

135 *Düringer-Hachenburg*, Das Handelsgesetzbuch Bd. IV, a. a. O., Anhang I §§ 363—365 HGB Anm. 67, S. 914; *Breit*, Scheck-, Giro- und Depositenrecht, a. a. O., § 5 ScheckG Anm. 15.

136 Ebenso ohne Nennung eines bestimmten Reiseschecks: *Keßler*, Scheckgesetz, a. a. O., S. 34; *Schlegelberger-Hefermehl*, Handelsgesetzbuch Bd. III, a. a. O., § 349 HGB Anm. 22, und *Jacobi*, Wechsel- und Scheckrecht, a. a. O., S. 238, der allerdings an anderer Stelle — a. a. O., S. 514 N. 1 — meint, bei einem Reisescheck sei die eigenhändige Unterschrift nicht nötig, so daß dieser Nichtigkeitsgrund wegfalle; vgl. auch *Jacobi*, a. a. O., S. 231: „Im allgemeinen ist dies (Faksimile-Unterschrift) in Deutschland nicht ausreichend, soweit es aber üblich ist, nämlich bei den sog. Reiseschecks, sollten die Juristen den Männern, für die die Schecks da sind, das Leben ohne positiven festen Halt im Gesetz nicht erschweren."

137 *Stanzl*, Wechsel-, Scheck- und sonstiges Wertpapierrecht, a. a. O., S. 155.

138 Nach *Schlegelberger-Hefermehl*, Handelsgesetzbuch Bd. III, a. a. O., § 349 HGB Anm. 22, sind Reiseschecks dann, wenn sie von einer Bank auf sich selbst oder auf eigene Zahlstellen gezogen werden, keine Anweisungen, sondern Verpflichtungsscheine.

139 Diese Frage wird in der Literatur nicht erörtert. Das Urteil des RG 10. 5. 1912 RGZ 79, S. 342 ff. läßt nicht erkennen, worauf die Anwendung deutschen Rechts gestützt wird. Der RFH 2. 3. 1926 RFHE 18, S. 274 ff. wandte deutsches Recht nach damals geltendem Scheck-Kollisionsrecht an.

hen. Hiernach bestimmt sich die Form einer Scheckerklärung nach dem Recht des Landes, in dessen Gebiet die Erklärung unterschrieben worden ist (Satz 1), es genügt aber die Beobachtung der Form, die das Recht des Zahlungsortes vorschreibt (Satz 2). Für die scheckrechtliche Beurteilung ausländischer Reiseschecks verweist diese Vorschrift in jedem Falle auf das am *Sitz des Emissionsinstitutes geltende Recht.*

a) Ausstellungsort im Ausland

Für diejenigen Reiseschecks, die im Ausland von einem Angestellten des Emissionsinstitutes (Treasurer oder Direktor) ausgestellt werden — Typ des Amexco-Schecks[140] und des Travelers Cheque der Bank of America[141] —, oder die von einer ausländischen Bank auf eine andere ausländische Bank gezogen werden — Typ der Travelers Cheque der American Bankers Association[142] — ergibt sich dies aus Art. 62 Abs. 1 Satz 1 ScheckG, der den Ausstellungsort als maßgebliche Anknüpfung bestimmt. Den faksimilierten Aussteller-Unterschriften auf bestimmten ausländischen Reiseschecks kann deshalb — sofern sie nach dem betreffenden ausländischen Recht zulässig sind — die Wirksamkeit nicht versagt werden[143].

b) Ausstellung im Inland

Eine Beurteilung ausländischer Reiseschecks nach deutschem Recht könnte nach der Kollisionsregel des Art. 62 Abs. 1 S. 1 ScheckG allenfalls bei solchen Formularen in Betracht kommen, bei denen — wie beim einheitlichen DM-Reisescheck — der Erwerber als Aussteller fungiert[144]. Sieht man seine erste Unterschrift als Ausstellerunterschrift an, so würde deutsches Recht nach Art. 62 Abs. 1 S. 1 ScheckG anwendbar sein, wenn ein ausländischer Reisescheck von einer deutschen Bank als Ausgabestelle an den Erwerber ausgegeben wird. Betrachtet man dagegen die Gegenzeichnung als Ausstellerunterschrift, so würde man nach der genannten Vorschrift deutsches Recht anwenden können, wenn ein ausländischer Reisescheck bei einer inländischen Bank eingelöst wird. Dennoch müßte auch in diesen Fällen ein deutsches Gericht stets das am Sitz des Emissionsinstitutes geltende Recht heranziehen, da Art. 62 Abs. 1 S. 2 ScheckG die Beobachtung der Scheckform genügen läßt, die das Recht des Zahlungsortes vorschreibt, der Zahlungsort beim Reisescheck aber stets mit dem Sitz des Emis-

---

140 Vgl. oben S. 31.

141 Vgl. oben S. 33.

142 Vgl. oben S. 32.

143 Vgl. *Jacobi,* Wechsel- und Scheckrecht, a. a. O., S. 1017.

144 Vgl. oben. S. 32.

sionsinstitutes identisch ist. Dies bedeutet, daß auch für die Beurteilung der vom Erwerber auszustellenden ausländischen Reiseschecks stets das betreffende ausländische Recht maßgeblich ist[145].

2. *Das maßgebliche Recht außerhalb des Scheckgesetzes*

Nun ist aber zu beachten, daß der Vorschrift des Art. 62 Abs. 1 ScheckG für die Frage nach dem für die Beurteilung ausländischer Reiseschecks maßgeblichen Recht nur beschränkte Bedeutung zukommt. Sie regelt nur die sich aus der Formstrenge des Scheckrechts ergebende Frage, welches Recht hinsichtlich der *Formerfordernisse* des Schecks zugrunde zu legen ist. Ergibt sich bei einer Prüfung, daß diese Erfordernisse nicht vorliegen, ein Scheck somit nicht gegeben ist, so bleibt die Frage offen, welche Rechtsnatur dem betreffenden Formular positiv zukommt. Für die Qualifikation ausländischer Urkunden kann auf eine allgemeine Kollisionsregel nicht zurückgegriffen werden, da es eine solche Regel nicht gibt[146], wie überhaupt ein allgemeines internationales Wertpapierrecht bisher nicht entwickelt worden ist[147]. Man wird je nach der Art des Wertpapiers die jeweils sinnvollste Anknüpfung suchen müssen[148]. Beim Reisescheck ist deshalb zu unterscheiden, ob es sich um eine Urkunde mit Anweisungscharakter oder um den Zah-

---

[145] Diesem Ergebnis steht die Entscheidung des RFH 2. 3. 1926 RFHE 18, S. 274, in der für die Beurteilung des Amexco-Schecks deutsches Recht zugrunde gelegt wurde, nicht entgegen. Denn der RFH hatte die Frage des maßgeblichen Rechts nach § 26 ScheckG vom 11. 3. 1908 zu prüfen, wonach der Zahlungsort für die Beurteilung ohne Bedeutung war, vgl. *Breit*, Scheck-, Giro- und Depositenrecht, a. a. O., § 26 ScheckG Anm. 18. Die frühere Kollisionsregel stellte grundsätzlich auf den Ausstellungsort ab und ließ eine Ausnahme nur für den in Deutschland zahlbaren Scheck zu, vgl. *Breit*, a. a. O. Entsprechend der Auslegung des RFH, daß der Erwerber den Amexco-Scheck ausstelle, mußte der RFH dieses Papier ausschließlich nach deutschem Recht beurteilen, soweit die zweite Unterschrift, die der RFH als Aussteller-Unterschrift ansah, in Deutschland geleistet wurde.

[146] Die Frage der Qualifikation von Urkunden im IPR wird in der Literatur kaum erörtert. Allgemein wird sie bei *Schnitzer*, Handbuch des Internationalen Handels-, Wechsel- und Checkrechts, Zürich-Leipzig 1938, S. 349, aufgeworfen, der für Privaturkunden dem Ausstellungsort gegenüber dem Wohnsitz des Schuldners den Vorzug gibt. Hinsichtlich der Frage, ob ein Wertpapier rechtsgültig entstanden ist, sieht auch *Cudkowicz*, Wertpapierverlust, Zürich 1941, S. 42 den Ausstellungsort für maßgeblich an. Nach *Kegel*, Internationales Privatrecht, München und Berlin 1960, S. 229, ist für die Frage, ob eine Urkunde Wertpapier ist, die Rechtsordnung entscheidend, der das verbriefte Recht unterliegt.

[147] Vgl. *Nußbaum*, Deutsches Internationales Privatrecht, Tübingen 1932, S. 335, der dies auch nicht für tunlich hält, da schon für das interne Recht der Begriff des Wertpapiers keineswegs völlig geklärt und es jedenfalls für das IPR nicht möglich sei, hinlänglich bestimmte Grundsätze für das Wertpapier aufzustellen.

[148] Vgl. *Nußbaum*, Deutsches Internationales Privatrecht, a. a. O., S. 335.

lungsversprechenstyp handelt. In beiden Fällen muß die Anknüpfung an das am Sitz des Emissionsinstitutes geltende Recht als maßgeblich angesehen werden.

Für den *Reisescheck mit Anweisungscharakter* ergibt sich dies aus dem im internationalen Scheckprivatrecht allgemein anerkannten Grundsatz, daß der Schwerpunkt der Rechtsbeziehungen bei dem Bezogenen liegt[149]. Dieser Grundsatz trifft hier in erhöhtem Maße zu, da zwischen dem bezogenen Emissionsinstitut und „seinen" Reiseschecks noch sehr viel engere Beziehungen bestehen als zwischen einer Bank und den auf sie gezogenen gewöhnlichen Schecks[150].

Bei Reiseschecks, die ein *Zahlungsversprechen* zum Ausdruck bringen, kommt eine andere Anknüpfungsmöglichkeit als die des Sitzes der emittierenden Bank überhaupt nicht in Betracht. Zahlungsort und Ausstellungsort sind hier in jedem Falle identisch. Auch die Regel, die die Rechtsordnung für entscheidend ansieht, der das verbriefte Recht unterliegt[151], verweist bei diesen Urkunden auf das am Sitz des Emissionsinstitutes geltende Recht.

3. Zusammenfassung

Es ergibt sich somit, daß die Rechtsnatur ausländischer Reiseschecks nicht nach deutschem Recht zu beurteilen ist. Maßgeblich ist vielmehr die Rechtsordnung, der das betreffende Emissionsinstitut untersteht[152]. Hinsichtlich der rechtlichen Qualifikation dieser Urkunden in den Vereinigten Staaten, Italien und Frankreich darf auf die Darstellung der Literatur und Rechtsprechung dieser Länder zum Reisescheck im zweiten Abschnitt verwiesen werden.

---

149 Vgl. *Jacobi*, Wechsel- und Scheckrecht, a. a. O., S. 993 u. 1017; *Ulmer*, Das Recht der Wertpapiere, a. a. O., S. 296; *Weiß*, Das Internationale Scheckrecht, München 1929, S. 8 und 19; *Nußbaum*, Deutsches Internationales Privatrecht, a. a. O., S. 325; *Neumeyer*, Internationales Privatrecht, Berlin und Leipzig 1927, S. 31; *Veith*, Internationales Wechsel- und Scheckrecht, in: Rechtsvergleichendes Handwörterbuch ... IV. Bd., Berlin 1933, S. 490. — Im deutschen Scheckgesetz hat der Grundsatz in den Art. 62 Abs. 1 Satz 2 und 65 Ausdruck gefunden.

150 Vgl. oben S. 61.

151 Vgl. *Kegel*, Internationales Privatrecht, a. a. O., S. 229.

152 Das Ergebnis entspricht der in Italien herrschenden sog. Emissionstheorie; vgl. *Ascarelli*, La girabilità del „traveller's check", in: R. D. C. 1929 II, S. 331 u. 335; *Federici*, In tema di assegno turistico, in: Dir. e prat. comm. 1930 II, S. 91; *Clementi*, Il „Traveler's Check", in: Dir. e prat. comm. 1927 I, S. 180; *Buttaro*, Assegno bancario assegno circolare e assegni speciali, in: Novissimo Dig. it. Bd. 1, Teil 2, Turin 1958, S. 1085; Cass. 10. 8. 1953 in: Banca, borsa, titoli 1954 II, S. 337.

B. Die Rechtsbeziehungen zwischen den Beteiligten am Reisescheckverkehr

(A) Das Rechtsverhältnis zwischen dem Emissionsinstitut und dem Reisescheckerwerber

Der zwischen dem Emissionsinstitut und dem Reisescheckerwerber bei Ausgabe des Reiseschecks zustande kommende Vertrag wird in der Literatur teils als Kaufvertrag[1] (I) teils als Vertrag eigener Art[2] (II) bezeichnet.

I. Kaufvertrag?

Bei der Annahme eines Kaufvertrages betrachtet man den vom Erwerber beim Emissionsinstitut einzuzahlenden Betrag als Kaufpreis für die Reiseschecks und geht davon aus, daß der Reisescheck selbst einen entsprechenden Wert repräsentiert, d. h. daß er eine Zahlungsverpflichtung des Emissionsinstitutes enthält[3]. Beim einheitlichen DM-Reisescheck ist dies jedoch — wie oben festgestellt wurde[4] — nicht der Fall. Der Wert des DM-Reiseschecks hat keine rechtliche Grundlage in Gestalt einer verbrieften Forderung, sondern besteht — auf Grund seiner Anerkennung im Verkehr und der darauf beruhenden sehr leichten Einlösbarkeit — lediglich in tatsächlicher Hinsicht[5]. Käser meint, es fehle mangels einer Forderung gegen das Emissionsinstitut an einem „Kaufgegenstand" und lehnt aus diesem Grunde das Vorliegen eines Kaufvertrages ab[6]. Diese Begründung ist jedoch nicht ganz überzeugend; denn es ist nicht einzusehen, warum nicht der Reisescheck auf Grund seines Wertes in tatsächlicher Hinsicht, als Papier, das die Eigenschaft besitzt, ohne weiteres von Banken eingelöst zu werden, Kaufgegenstand sein kann. Der Reisescheckerwerber erhält doch immerhin praktisch eine dem von ihm eingezahlten Betrag gleichwertige Gegenleistung.

---

[1] *Koch*, Banken und Bankgeschäfte, a. a. O., S. 278; *Stanzl*, Wechsel-, Scheck- und sonstiges Wertpapierrecht, a. a. O., S. 155; *Düringer-Hachenburg*, Das Handelsgesetzbuch, a. a. O., Anhang I zu §§ 363—365 HGB Anm. 67, S. 914. — Auch im Sprachgebrauch der Praxis wird stets von einem „Kauf" der Reiseschecks gesprochen, vgl. Enzyklopädisches Lexikon für das Geld-, Bank- und Börsenwesen Bd. II, Frankfurt/M. 1957, S. 1343.

[2] *Justat* u. *Maurer*, Rechtsfragen des Reiseschecks, in: ZKW 1956, S. 158; *Käser*, Rechtliche Aspekte . . ., in: ZKW 1962, S. 402.

[3] Vgl. z. B. *Mossa*, Lo check e l'assegno circolare secondo la nuova legge, Mailand 1939, S. 505.

[4] Vgl. oben S. 54.

[5] Vgl. oben S. 61.

[6] *Käser*, Rechtliche Aspekte . . ., in ZKW 1962, S. 402.

Fraglich ist die Annahme, daß zwischen dem Emissionsinstitut und dem Erwerber ein Kaufvertrag zustande kommt, aber deshalb, weil ungeklärt bliebe, woraus das Emissionsinstitut zur Ausführung der im Reisescheck enthaltenen Anweisung verpflichtet wird. Der Kaufvertrag läßt eine solche Verpflichtung ebensowenig entstehen wie das Papier selbst. Zwar könnte man annehmen, daß dem Emissionsinstitut mit der Anweisung des Erwerbers ein Antrag auf Abschluß eines Geschäftsbesorgungsvertrages zugeht, den das Emissionsinstitut durch die Ausführung der Anweisung annimmt. Dies würde aber bedeuten, daß es rechtlich in das Belieben des Emissionsinstitutes gestellt wäre, ob es den Reisescheck einlösen will oder nicht[7]. Eine solche Rechtslage dürfte dem Sinn des Reisescheckgeschäftes nicht gerecht werden, selbst wenn man davon ausgehen kann, daß die Emissionsinstitute — sofern nicht besondere Ablehnungsgründe vorliegen — ihre Reiseschecks im allgemeinen stets honorieren werden. Denn wenn schon eine Zahlungsverpflichtung des Emissionsinstitutes nicht in verbriefter Form besteht, so muß eine solche zumindest aus dem zugrunde liegenden Vertrag zwischen Emissionsinstitut und Erwerber hergeleitet werden können.

II. Vertrag eigener Art

Dem Charakter des Reiseschecks als Sonderform des Schecks entspricht es, wenn man das zwischen dem bezogenen Kreditinstitut und dem Erwerber zustande kommende Rechtsverhältnis als einen Vertrag eigener Art ansieht, der dem normalen Scheckvertrag wesensverwandt ist. Er soll im folgenden als *Reisescheckvertrag* bezeichnet werden[8].

Der Inhalt dieses Vertrages ist im einzelnen näher zu untersuchen. Eine Schwierigkeit ergibt sich daraus, daß bei der Ausgabe des DM-Reiseschecks — anders als z. B. bei einigen amerikanischen Travelers Cheques[9] — keine besonderen Vereinbarungen zwischen den Vertragspartnern getroffen werden. Da der Vertrag dem normalen Scheckvertrag wesensverwandt ist, wird man allerdings auf die zu diesem entwickelten Grundsätze zurückgreifen können. Jedoch muß beachtet werden, daß der Reisescheck eine Sonderform des Schecks darstellt, so daß entsprechend den besonderen Verhältnissen und Bedürfnissen im Reisescheckgeschäft auch der Inhalt des Reisescheckvertrages abweichend beurteilt werden muß. Maßgeblich für die Auslegung des Vertrages ist deshalb allein der zugrunde liegende Zweck.

---

[7] Vgl. *Quassowski-Albrecht*, Scheckgesetz, a. a. O., Art. 3 ScheckG Anm. 6.

[8] *Sereni*, L'assegno turistico americano, in: Banca, borsa, titoli 1950 I, S. 48 ff. bezeichnet ihn als „Emissionsvertrag".

[9] Vgl. oben S. 35.

1. Die Rechtsnatur des Reisescheckvertrages als Geschäftsbesorgungsvertrag zugunsten Dritter

Seinem Wesen nach muß der Reisescheckvertrag als Geschäftsbesorgungsvertrag gem. § 675 BGB aufgefaßt werden[10], der für das bezogene Emissionsinstitut die Verpflichtung begründet, die im Reisescheck enthaltene Zahlungsanweisung des Erwerbers auszuführen[11]. Die Einlösung soll gegenüber dem legitimierten Vorleger erfolgen. Hierbei stellt sich die Frage, ob der zwischen Emissionsinstitut und dem Erwerber zustande kommende Vertrag für den legitimierten Erwerber das Recht auf die angewiesene Leistung unmittelbar begründen soll, ob es sich hier mithin um einen *Vertrag zugunsten Dritter* gem. § 328 BGB handelt. Dies ist mangels einer besonderen Bestimmung gem. § 328 Abs. 2 BGB aus den Umständen, insbesondere aus dem Zweck des Vertrages zu entnehmen.

a) Auslegung des Vertrages

Entsprechend dem Zweck des Reiseschecks wird man davon ausgehen müssen, daß auch dem Reisescheckvertrag zwei Gedanken zugrunde liegen: auf der einen Seite soll dem Erwerber Sicherheit gegenüber der Gefahr des Verlustes von Bargeld gewährt, auf der anderen Seite soll ihm ermöglicht werden, sich an jedem beliebigen dritten Ort Bargeld zu verschaffen. Der erste Gedanke spricht hier gegen die Annahme eines Vertrages zugunsten Dritter; denn wenn der Erwerber sich vor Verlust schützen will, muß ihm daran gelegen sein, sich den Anspruch auf das eingezahlte Guthaben selbst vorzubehalten. Dagegen spricht der zweite Gesichtspunkt dafür, daß dem Begünstigten ein unmittelbares Recht auf die Deckung eingeräumt werden soll; denn der Erwerber kann nicht erwarten, daß ihm am dritten Ort Bargeld auf den Reisescheck gezahlt wird, wenn er selbst nicht bereit ist, der zahlenden Stelle — wenn schon der Reisescheck selbst keine Forderung verbrieft — nicht wenigstens einen unmittelbaren Anspruch auf die zugrunde liegende Deckung zu verschaffen. Die Frage ist deshalb, welchem Zweckgedanken hier der Vorzug zu geben ist.

Als entscheidend wird man ansehen müssen, daß nach dem Inhalt des Vertrages das vom Erwerber eingezahlte Guthaben gleichsam zweckgebunden mit dem Reisescheck verbunden ist. Nur das Papier

---

[10] Ebenso *Käser*, Rechtliche Aspekte ..., in: ZKW 1962, S. 402; vgl. auch RFH 2. 3. 1926 in RFHE Bd. 18, S. 274, im Anschluß an *Dyckerhoff*, Die Steuerpflicht ausländischer Schecks, in: BankA 1925/26, S. 77.

[11] Dies ist auch der wesentliche Inhalt des normalen Scheckvertrages, vgl. *Michaelis*, Scheckgesetz vom 11. 3. 1908, Berlin u. Leipzig 1927, § 3 ScheckG Anm. 2; *Ulmer*, Das Recht der Wertpapiere, a. a. O., S. 311; *Quassowski-Albrecht*, Scheckgesetz, a. a. O., Art. 3 ScheckG Anm. 1.

beweist, daß das Guthaben vorhanden ist, nur mit dem Reisescheck kann auch der Erwerber über das Guthaben verfügen. Außerdem muß davon ausgegangen werden, daß das Widerrufsrecht des Reisescheckerwerbers ausgeschlossen sein soll[12]. Hieraus wird man folgern dürfen, daß der zwischen dem Erwerber und dem Emissionsinstitut zustande kommende Vertrag ein unmittelbares Recht desjenigen entstehen läßt, der sich als Berechtigter des Reiseschecks legitimiert. Diese Auffassung entspricht den tatsächlichen Gegebenheiten; denn mit der Begebung des Reiseschecks verliert der Erwerber praktisch die Möglichkeit des Zugriffs auf den von ihm eingezahlten Betrag. Sie kommt auch dem starken Bedürfnis des Reisescheckverkehrs entgegen, Drittbeteiligten eine rechtlich sichere Position zu geben.

Jedoch kommt auch der Sicherheitsgedanke zur Geltung. Da der DM-Reisescheck an eine Gültigkeitsfrist von 12 Monaten gebunden ist, kann eine unmittelbare Berechtigung eines Dritten nur insoweit in Betracht kommen, als er sich innerhalb dieser Frist legitimiert. Nach Ablauf der Gültigkeitsfrist ist aber dem Erwerber das Recht auf die Dekkung vorbehalten. Hierin liegt der Sicherheitseffekt beim Reisescheck, daß der Erwerber — falls er den Reisescheck verlieren sollte — stets die Aussicht hat, den Gegenwert zurückzuerhalten, während der Wert des Bargeldes für ihn für immer verloren sein würde. Das unmittelbare Recht eines Dritten unterliegt also einer zeitlichen Grenze, die gemäß § 163 BGB die Wirkung einer auflösenden Bedingung hat. In dieser Ausgestaltung stellt der Reisescheckvertrag einen Kompromiß zwischen den beiden zugrunde liegenden Zweckgedanken her.

b) Nichtgeltung der Gründe für die Ablehnung eines Vertrages zugunsten Dritter beim normalen Scheckvertrag

Nun wird allerdings in der Literatur und Rechtsprechung für den normalen Scheckvertrag, bei dem dieselbe Frage auftaucht, das Vorliegen eines Vertrages zugunsten Dritter einhellig verneint[13]. Geht man indessen den Gründen nach, die für diese Auffassung angeführt werden, so wird man feststellen müssen, daß sie für die besonderen Verhältnisse des Reisescheckvertrages nicht zutreffen. Die Argumente sind teils wirtschaftlicher, teils scheckrechtlicher Art.

---

[12] Vgl. oben S. 64.

[13] RG 27. 3. 1914 JW 1914, S. 683[12]; *Baumbach-Hefermehl*, Wechselgesetz und Scheckgesetz, a. a. O., Art. 3 ScheckG Anm. 3, S. 344; *Keßler*, Scheckgesetz, a. a. O., Art. 3 ScheckG Anm. 5 a; *Quassowski-Albrecht*, Scheckgesetz, a. a. O., Art. 3 ScheckG Anm. 7 mit weiteren Hinweisen; *Ulmer*, Das Recht der Wertpapiere, a. a. O., S. 311; *Jacobi*, Wechsel- und Scheckrecht, a. a. O., S. 402 N. 3.

aa) Die wirtschaftlichen Gründe

In der Begründung zum Scheckgesetz vom 11. März 1908 wird darauf hingewiesen, daß die bezogene Bank der Gefahr ausgesetzt werde, Prozesse mit ihr ganz unbekannten und geschäftsfremden Dritten führen zu müssen, wenn diese unmittelbar aus dem Scheckvertrag berechtigt würden. Dadurch werde eine Erschwerung des Geschäftsbetriebes der Banken begründet, die deren Bereitschaft zur Eröffnung von Scheckkonten erheblich mindern würde. Andererseits sei aber auch dem Scheckinhaber mit dem direkten Klagerecht wenig gedient, da er den Prozeß doch nur mit Unterstützung des Ausstellers würde führen können[14].

Beim Reisescheckvertrag treffen diese Erwägungen nicht zu. Zwischen dem Erwerber und dem Emissionsinstitut entsteht bei der Ausgabe der Reiseschecks keine dauernde geschäftliche Beziehung; es wird daher kein so nahes Vertrauensverhältnis begründet, wie es zwischen dem Inhaber eines laufenden Guthabens, über das mittels Scheck verfügt werden kann, und der bezogenen Bank besteht. Der Reisescheckerwerber ist dem Emissionsinstitut in aller Regel fremd. Dagegen sind es hier gerade die Drittbeteiligten, die den Emissionsinstituten meistens geschäftsbekannt sein werden, da die Reiseschecks in den überwiegenden Fällen dem Emissionsinstitut von anderen Kreditinstituten, insbesondere Korrespondenzbanken, zur Gutschrift übersandt werden. Dem Emissionsinstitut kann also nicht besonders daran gelegen sein, daß ihm gegenüber der erste Erwerber aus dem zugrunde liegenden Vertrag berechtigt ist.

Ebenso wird man auch nicht sagen können, daß der Drittbeteiligte im Reisescheckverkehr der Unterstützung des Ausstellers bedarf, um sein Klagerecht durchzusetzen. Denn den Beweis der Deckung enthält der Reisescheck selbst[15]. Seine Legitimation wird der Dritte aber ohne weiteres selbst nachweisen können.

bb) Die rechtlichen Gründe

Vom rechtlichen Standpunkt werden gegen die Annahme, daß der begünstigte Anweisungsempfänger aus dem Scheckvertrag unmittelbar gegenüber dem Bezogenen berechtigt werde, verschiedene Begründungen gegeben. Das RG stellte in seinem Urteil vom 27. 3. 1914[16] fest, für einen Vertrag zugunsten Dritter fehle es an jeder gesetzlichen

---

[14] So auch *Ulmer*, Das Recht der Wertpapiere, a. a. O., S. 311; bzgl. der Begründung zum Scheckgesetz vom 11. 3. 1908 vgl. *Michaelis*, Scheckgesetz, a. a. O., § 3 ScheckG Anm. 3, S. 50.

[15] Vgl. oben S. 60.

[16] JW 1914, S. 683[12].

Grundlage. Ein direkter Anspruch sei dem Zahlungsempfänger nach deutschem Recht wohlbedacht versagt, er stehe gänzlich außerhalb des zwischen dem Aussteller und dem Bezogenen bestehenden Vertragsverhältnisses. Für den Reisescheckvertrag kann diese Erwägung schon deshalb nicht stichhaltig sein, weil man beim Erlaß des Gesetzes an die besondere Form des Reiseschecks nicht dachte. Möglicherweise hätte man hier eine besondere Regelung getroffen, da man nach dem Zweck des Geschäftes davon ausgehen muß, daß hier gerade auch der Dritte unmittelbar in das Vertragsverhältnis einbezogen wird.

Michaelis[17] sieht den Willen des Gesetzes, aus dem Scheckvertrag keine unmittelbaren Rechte Dritter entstehen zu lassen, in der Bestimmung zum Ausdruck gebracht, die den Widerruf des Schecks durch den Aussteller nach Ablauf der Vorlegungsfrist gestattet[18]. Diese Möglichkeit soll jedoch beim Reisescheck gerade ausgeschlossen sein[19], ein Umstand, der deshalb entscheidend dafür spricht, daß hier etwas anderes gilt.

Bei *Ulmer*[20] findet sich schließlich die Bemerkung, dem deutschen Scheckrecht liege der Gedanke zugrunde, daß der Scheck nur unter der Garantie des Ausstellers und der sonstigen Rückgriffverpflichteten stehe, weshalb der Scheckvertrag nicht als Vertrag zugunsten Dritter aufzufassen sei. Auch dieser Gedanke trifft für den Reisescheck nicht zu; denn dieser steht anders als der normale Scheck — wenn auch nicht in Form einer verbrieften Zahlungsverpflichtung — unter der Garantie des Emissionsinstitutes.

2. Der Inhalt des Reisescheckvertrages

Nach Kennzeichnung der allgemeinen rechtlichen Natur des Reisescheckvertrages ist sein Inhalt im einzelnen näher zu konkretisieren. Von Interesse ist hierbei zunächst, welche Verpflichtungen sich aus dem Vertrag für die beiden Kontrahenten ergeben.

a) Die Einlösungs- und Prüfungspflicht des Emissionsinstitutes

Das Emissionsinstitut trifft aus dem Reisescheckvertrag in erster Linie die Pflicht zur Einlösung der vorkommenden Reiseschecks. Diese beinhaltet zugleich entsprechend dem Sicherheitszweck des Reisescheckgeschäftes eine Pflicht zur Prüfung der Berechtigung des Einreichers. Die Art dieser Prüfungspflicht ist nach dem Inhalt des Reise-

---

17 *Michaelis,* Scheckgesetz, § 3 ScheckG Anm. 3, S. 50.

18 Vgl. § 13 Abs. 3 ScheckG vom 11. 3. 1908, Art 32 des geltenden ScheckG.

19 Vgl. oben S. 64.

20 *Ulmer,* Das Recht der Wertpapiere, a. a. O., S. 311.

scheckvertrages näher zu bestimmen[21]. Zu unterscheiden ist, ob die Reiseschecks von einem Dritterwerber direkt beim Emissionsinstitut zur Gutschrift oder Zahlung eingereicht werden, oder ob die Reiseschecks über ein anderes Kreditinstitut, das die Einlösung bereits vorgenommen hat, zum Emissionsinstitut zurückkehren.

Im ersten Fall ergeben sich keine Besonderheiten. Wie bei der Einlösung normaler Schecks hat das Emissionsinstitut die *förmliche Berechtigung* des Einreichers, d. h. die Ordnungsmäßigkeit der Indossamentenreihe (Art. 35 ScheckG) zu prüfen, die *sachliche Berechtigung* nur insoweit, als sich nach den Umständen Bedenken ergeben oder ergeben müssen[22]. In dieser Hinsicht sind die beiden Unterschriften des ersten Erwerbers, die sich auf dem Reisescheck befinden müssen, von besonderer Bedeutung. Ein Vergleich wird möglicherweise Zweifel an der sachlichen Berechtigung des Vorlegers begründen, da ein gutgläubiger Erwerb ausgeschlossen sein kann, wenn aus dem Vergleich der Unterschriften zu erkennen war, daß die zweite Unterschrift nicht von dem Berechtigten geleistet wurde. Die Unterschriften müssen deshalb auch vom Emissionsinstitut sorgfältig auf ihre Übereinstimmung geprüft werden[23]. Allerdings darf die Prüfungspflicht des Emissionsinstitutes nicht überspannt werden. Denn auch mehrere Unterschriften derselben Person gleichen sich niemals völlig. Im übrigen ist der Reisescheck ein Massenpapier; das Maß der Sorgfalt muß sich deshalb in einem zumutbaren Rahmen halten[24]. Andererseits wird die Emissionsbank dann, wenn ein Reisescheck von dritter Seite eingereicht wird, — sofern es sich nicht um ein anderes Kreditinstitut handelt — besondere Vorsicht walten lassen müssen. Auch muß hier der im normalen Scheckverkehr geltende Grundsatz anerkannt werden, daß das Emissionsinstitut die Haftung für eine ordnungsmäßige und sorgfältige Prüfung der ihr vorgelegten Reiseschecks nicht ausschließen kann, da dies sittenwidrig wäre[25].

---

[21] Vgl. *Baumbach-Hefermehl,* Wechselgesetz und Scheckgesetz, a. a. O., Art. 35 ScheckG Anm. 1; *Quassowski-Albrecht,* Scheckgesetz, Art. 35 ScheckG Anm. 7, S. 189, wo darauf hingewiesen wird, daß sich die Prüfungspflicht des Bezogenen nach dem Scheckvertrag bestimmt.

[22] *Baumbach-Hefermehl,* Wechselgesetz und Scheckgesetz, a. a. O., Art. 35 ScheckG Anm. 1; *Quassowski-Albrecht,* Scheckgesetz, a. a. O., Art. 35 ScheckG Anm. 5, S. 187 f.; *Ulmer,* Das Recht der Wertpapiere, a. a. O., S. 321.

[23] Vgl. hierzu in der italienischen Literatur: *Mossa,* Lo check e l'assegno circolare . . ., a. a. O., S. 507.

[24] Vgl. *Mossa,* Lo check e l'assegno circolare . . ., a. a. O., S. 507; *Baumbach-Hefermehl,* Wechselgesetz und Scheckgesetz, a. a. O., Art. 21 ScheckG Anm. 3, wo bemerkt wird, daß auch der Scheck durch Überspannung der Prüfungspflicht seine Funktion als Zahlungsmittel verliere.

[25] RG 12. 12. 1913 JW 1914, S. 204 (205); 5. 7. 1919 JW 1919, S. 821; 23. 6. 1939 RGZ 161, S. 182; *Ulmer,* Das Recht der Wertpapiere, a. a. O., S. 316; *Hueck,* Recht der Wertpapiere, a. a. O., S. 101.

Sehr häufig werden nun aber die Reiseschecks am dritten Ort von anderen Banken, insbesondere Korrespondenzbanken, bereits eingelöst, entwertet und dem Emissionsinstitut zur Gutschrift übersandt. Hier kann sich die Prüfungspflicht des Emissionsinstitutes nicht auf die Legitimation dieser Banken erstrecken. Denn wenn der Reisescheck entwertet ist, gewährt er selbst kein Recht mehr, eine Legitimation hinsichtlich dieses Rechtes wird also sinnlos. Die eigentliche Legitimationsprüfung ist ja auch gerade durch die einlösende Bank vorgenommen worden. Die Prüfungspflicht des Emissionsinstitutes kann deshalb in diesen Fällen nur in einer *Kontrolle* darüber bestehen, ob das Reisescheckverfahren vom jeweils zahlenden Kreditinsitut ordnungsmäßig beachtet worden ist; konkret gesprochen: handelt es sich um einen nicht-übertragenen Reisescheck, so hat auch das Emissionsinstitut noch einmal die Unterschriften auf ihre Übereinstimmung zu prüfen, eine andere Kontrollmöglichkeit besteht hier nicht. Handelt es sich jedoch um einen übertragenen Reisescheck, so muß auch die Indossamentenkette kontrolliert werden. Besondere Sorgfalt muß angewendet werden, wenn ein Reisescheck vorkommt, von dem bekannt ist, daß er dem Reisescheckerwerber abhanden gekommen war[26]. Im allgemeinen darf aber auch die Kontrollpflicht des Emissionsinstitutes nicht überspannt werden. Insoweit gilt das oben Ausgeführte.

Eine andere Verpflichtung als die der Einlösung und Kontrolle bzw. Legitimationsprüfung trifft das Emissionsinstitut aus dem Reisescheckvertrag nicht. Es übernimmt insbesondere keine Haftung dafür, daß der Erwerber den Reisescheck am Ziel seiner Reise einlösen, verkaufen oder in Zahlung geben kann[27]. Ein praktisches Bedürfnis besteht hierfür auch nicht, da die Verwertung eines Reiseschecks im allgemeinen keine Schwierigkeiten bereitet.

b) Die Sorgfaltspflichten und Obliegenheiten des Erwerbers

Abgesehen von der selbstverständlichen Pflicht des Erwerbers, den Reisescheckbetrag beim Emissionsinstitut einzuzahlen, werden für ihn aus dem zustande kommenden Vertrag nur insoweit Verpflichtungen begründet, als sich solche aus den jeweiligen Allgemeinen Geschäfts-

---

[26] Vgl. oben S. 64.

[27] Auf die Verhältnisse des Reisescheckverkehrs läßt sich nicht die Entscheidung des RG vom 22. 6. 1906 RGZ 64, S. 108 ff. übertragen, wonach es mit dem Zweck des *Kreditbriefs* nicht für vereinbar angesehen wurde, wenn der Begünstigte auf den tatsächlichen Erfolg beschränkt bliebe, den die Präsentation des Kreditbriefs haben würde, weshalb die ausstellende Bank ihren Zahlungsauftrag nicht widerrufen dürfe und sich durch ein derartiges Verhalten schadensersatzpflichtig mache. Die Situation ist dort eine andere als beim Reisescheck, der keinen Zahlungsauftrag des Emissionsinstitutes enthält.

bedingungen ergeben. So wird man insbesondere auch Ziffer 2 der Bedingungen für den Scheckverkehr gelten lassen müssen, wonach der Erwerber das Scheckheft, hier also das Reisescheckheft, mit besonderer Sorgfalt aufzubewahren und das Abhandenkommen von Reisescheckformularen unverzüglich schriftlich mitzuteilen hat.

Im übrigen hat der Erwerber ein bestimmtes Verfahren beim Gebrauch der Reiseschecks zu beobachten. So soll er sie getrennt von seinen Ausweispapieren mit sich führen und die zweite Unterschrift erst bei der Vorlegung zur Zahlung leisten. Die Beachtung dieses Verfahrens wird dem Erwerber jedoch von den Emissionsinstituten im allgemeinen nicht zur Pflicht gemacht, sondern lediglich durch „wichtige Hinweise" im Reisescheckheft und mündlich bei der Ausgabe „empfohlen"[28]. Dennoch sind diese Hinweise rechtlich nicht bedeutungslos. Da ohne Einhaltung des vorgeschriebenen Verfahrens durch den Erwerber der mit dem Reisescheck verfolgte Sicherheitszweck nicht erfüllt werden kann, muß jeder Schaden, der durch eine Nichtbeachtung der „Hinweise" des Emissionsinstitutes entsteht, den Erwerber selbst treffen[29]. Die von ihm zu beobachtenden Sicherheitsmaßnahmen stellen sich daher rechtlich als *Obliegenheiten* dar[30].

c) Das Fälschungsrisiko

Wie beim normalen Scheckvertrag ist für die sich aus dem Reisescheckvertrag ergebende Rechtsstellung der beiden Vertragspartner die Frage von besonderer Bedeutung, wer das Fälschungsrisiko trägt.

Es wird sich dabei in aller Regel um die Fälschung der zweiten Unterschrift — also nicht der Ausstellerunterschrift[31] — handeln; denn die erste Unterschrift muß vom berechtigten Erwerber stets im Zeitpunkt der Ausgabe geleistet werden. Wird die Gegenzeichnung von einem Nichtberechtigten durch Nachahmung der ersten Unterschrift gefälscht, ohne daß die Fälschung erkennbar wird, so trägt das Risiko der Erwerber[32]. Denn die Einlösung des Reiseschecks ist davon abhän-

---

[28] Anders die Praxis amerikanischer Kreditinstitute, die dem Erwerber bestimmte Sicherungsmaßnahmen beim Gebrauch als vertragliche Pflicht auferlegen, vgl. den Vertragstext der American Express Company oben S. 35.

[29] Ebenso *Koch*, Banken und Bankgeschäfte, a. a. O., S. 271 bzgl. des Kreditbriefgeschäftes.

[30] Auch der normale Scheckvertrag läßt Obliegenheiten des Bankkunden entstehen, vgl. *v. Schwerin*, Wechsel- und Scheckrecht, Berlin-Leipzig 1934, S. 123.

[31] Vgl. oben S. 53.

[32] So übereinstimmend *Justat* u. *Maurer*, Rechtsfragen des Reiseschecks, in: ZKW 1956, S. 158; *Käser*, Rechtliche Aspekte ..., in: ZKW 1962, S. 402; vgl. auch *Dyckerhoff*, Schwierigkeiten im Kreditbrief- und Travellerscheck-Verkehr, in: BankA 1926/27, S. 272.

gig gemacht, daß die beiden Unterschriften auf dem Formular übereinstimmen. Ist dies objektiv der Fall, ohne daß sich bei einer sorgfältigen Prüfung Zweifel hätten ergeben müssen, so ist das Emissionsinstitut berechtigt, zu zahlen. Ob die zweite Unterschrift vom Erwerber stammte oder gefälscht war, kann dabei keine Rolle spielen[33].

Nimmt man mit *Justat* und *Maurer*[34] an, daß der DM-Reisescheck mit der Gegenzeichnung ausgestellt wird, läge, wenn diese gefälscht wird, eine *gültige* Aussteller-Unterschrift nicht vor. Nach der für den normalen Scheckvertrag herrschenden Lehre[35] könnte man deshalb meinen, daß das bezogene Kreditinstitut das Fälschungsrisiko zu tragen habe. Denn hier steht man auf dem Standpunkt, daß die Verpflichtung der bezogenen Bank dahingehe, nur *echte* Schecks einzulösen, so daß jene nicht im Rahmen und zum Zweck der Ausführung des Scheckvertrags handele, wenn sie gefälschte oder verfälschte Schecks, die eine echte Anweisung des Kunden nicht enthalten, einlöst.

Auch in dieser Hinsicht können aber die allgemeinen scheckrechtlichen Grundsätze nicht auf den Reisescheck angewandt werden[36]. Der Auftrag, den das Emissionsinstitut auf Grund des Reisescheckvertrages übernommen hat, kann nur — wie oben ausgeführt — dahin verstanden werden, daß die Einlösung der Reiseschecks vorgenommen werden soll, wenn zwei äußerlich übereinstimmende Unterschriften auf dem Formular geleistet worden sind und im übrigen keine Bedenken hinsichtlich der Legitimation des Vorlegers bestehen[37].

(B) Die Rechtsbeziehungen zwischen dem Emissionsinstitut und den beteiligten Kreditinstituten

Das Emissionsinstitut wickelt den Reisescheckverkehr mit Hilfe anderer Kreditinstitute ab. Das zwischen ihnen zustande kommende Rechtsverhältnis muß verschieden beurteilt werden, je nachdem ob es sich um eine Korrespondenzbank handelt (I) oder um eine Bank, die mit dem Emissionsinstitut nicht in Geschäftsverbindung steht (II).

---

[33] In der ausländischen Literatur ebenso *Ascarelli*, La girabilità del „traveler's check", in: R. D. C. 1929 II, S. 344; Despax, Les travellers chèques, in: Rev. trim. droit comm. 1957, S. 345 Nr. 41.

[34] *Justat* u. *Maurer*, Rechtsfragen des Reiseschecks, in: ZKW 1956, S. 158.

[35] RG 16. 1. 1918 RGZ 92, S. 50 (51); 16. 6. 1920 RGZ 100, S. 55 (60); *Baumbach-Hefermehl*, Wechselgesetz und Scheckgesetz, a. a. O., Art. 3 ScheckG Anm. 5; *Quassowski-Albrecht*, Scheckgesetz, a. a. O., Art. 3 ScheckG Anm. 18; *Keßler*, Scheckgesetz, a. a. O., Art. 3 ScheckG Anm. 5 a, S. 44.

[36] Den gegenteiligen Ausführungen bei *Obst-Hintner*, Geld-, Bank- und Börsenwesen, Stuttgart 1963, S. 118, ist nicht zu folgen.

[37] Die hier hinsichtlich des Fälschungsrisikos beim Reisescheckvertrag dargestellte Rechtslage entspricht der von *Jacobi*, Wechsel- und Scheckrecht, a.a.O., S. 403, entgegen der h. M. bzgl. des normalen Scheckvertrages vertretenen

I. Die Rechtsbeziehungen zwischen dem Emissionsinstitut und seinen Korrespondenzbanken

Die Korrespondenzbanken treten sowohl als Ausgabestelle (1) als auch als Einlösungsstelle (2) auf.

1. Der Verwahrungs- und Geschäftsbesorgungsvertrag zwischen Emissionsinstitut und Ausgabestelle

Soweit die Korrespondenzbank als Ausgabestelle fungiert, besteht zwischen dieser und dem Emissionsinstitut ein Rechtsverhältnis, das sich als gemischter Vertrag darstellt. Es begründet auf der einen Seite die Pflicht der Ausgabestelle zur sorgfältigen Aufbewahrung der übersandten Reisescheckformulare, so daß die Regeln über die Verwahrung *gem. §§ 688 BGB ff.* Anwendung finden, wenn nichts anderes vereinbart ist[38]. Andererseits wird die Korrespondenzbank verpflichtet, die zur Verfügung gestellten Reisescheckformulare im Falle der Nachfrage entsprechend den betreffenden Ausgabe-Richtlinien an interessierte Kunden auszugeben. In dieser Hinsicht liegt ein *Geschäftsbesorgungsvertrag* i. S. des § 675 BGB vor, der die Ausgabestelle zur sorgfältigen Beachtung des vorgeschriebenen Verfahrens verpflichtet. Rechtliche Besonderheiten ergeben sich hierbei nicht.

2. Der Geschäftsbesorgungsvertrag zwischen Emissionsinstitut und Einlösungsstelle

Die als Einlösungsstelle handelnde Korrespondenzbank wird ebenfalls auf Grund eines Geschäftsbesorgungsvertrages tätig.

a) Die Einlösung als Gegenstand der Geschäftsbesorgung

Gegenstand der Geschäftsbesorgung ist die Einlösung der vorkommenden Reiseschecks nach Maßgabe der vorgeschriebenen Richtlinien[39].

Meinung. Nach ihm hat der Auftrag der bezogenen Bank auch dort zum Inhalt, daß der Beauftragte den Scheck honorieren soll, an dessen Echtheit er ein Bedenken bei dessen Vorlage nicht haben kann. Ähnlich auch die Auffassung *Ulmers*, Das Recht der Wertpapiere, a. a. O., S. 316 f., der den Bankkunden das Risiko tragen läßt, wenn die Fälschung nicht erkennbar war. — Im Ergebnis würde übrigens auch nach der h. M. im Reisescheckverkehr stets der Erwerber das Fälschungsrisiko tragen, da eine Fälschung hier nur dann möglich sein wird, wenn dem Erwerber das Reisescheckheft abhanden gekommen war. In diesem Fall wäre nämlich nach der h. M. ein Schadensersatzanspruch der bezogenen Bank begründet, vgl. *Baumbach-Hefermehl*, Wechselgesetz und Scheckgesetz, a. a. O., Art. 3 ScheckG Anm. 5. Schließlich würde auch der Haftungsausschluß gem. Ziff. 8 der Bedingungen für den Scheckverkehr wirksam werden.

[38] Vgl. *Käser*, Rechtliche Aspekte ..., in ZKW 1962, S. 402, der das Rechtsverhältnis zwischen Emissionsinstitut und Ausgabestelle — zu eng — auf einen Verwahrungsvertrag beschränkt.

Daß es sich hier um die Einlösung, nicht — wie *Käser*[40] annimmt — um den Ankauf der Reiseschecks handelt, ergibt sich aus den Richtlinien, die den Korrespondenzbanken übersandt werden. Diese sprechen ausdrücklich von der „Einlösung"[41] und schreiben insbesondere auch die Entwertung der honorierten Reiseschecks vor. Hiermit wird zum Ausdruck gebracht, daß durch die Zahlung der Korrespondenzbank die Schuld des Emissionsinstitutes gegenüber dem Berechtigten getilgt werden, mithin die Zahlungsanweisung des Reiseschecks ausgeführt werden soll. Dies ist gleichbedeutend mit der Einlösung[42].

Die Korrespondenzbank handelt hierbei als Vertreterin des Emissionsinstitutes. Ihre rechtliche Stellung entspricht der einer Zahlstelle oder eines Domiziliaten im wechsel- und scheckrechtlichen Sinne[43], worunter eine von dem Bezogenen verschiedene Stelle zu verstehen ist, die nicht selbst zur Zahlung angewiesen ist, sondern als Vertreter des Bezogenen dessen Schuld tilgt[44]. Dennoch stellen die Einlösungsstellen keine echten Domiziliaten dar; denn der Reisescheck ist nicht — etwa durch die sonst übliche Domizilklausel „zahlbar bei" — domiziliert. Der Inhaber ist bei der Verwertung nicht auf bestimmte Zahlungsleister beschränkt. Der Zweck des Reiseschecks, dem Erwerber die Möglichkeit zu geben, sich an jedem Ort Bargeld zu verschaffen, schließt die Domizilierung aus[45].

b) Der Aufwendungsersatz-Anspruch der Einlösungsstelle

Auf Grund des Geschäftsbesorgungsvertrages steht der Korrespondenzbank, die als Einlösungsstelle tätig geworden ist, gem. § 670 BGB ein Anspruch auf Erstattung der zum Zwecke der Ausführung des Auftrags gemachten Aufwendungen zu, die sie den Umständen nach für erforderlich halten darf.

---

[39] Ebenso: *Justat* u. *Maurer,* Rechtsfragen des Reiseschecks, in: ZKW 1956, S. 157; *Trost-Schütz,* Bankgeschäftliches Formularbuch, a. a. O., S. 395; vgl. auch *Mossa,* Lo check e l'assegno circolare . . ., a. a. O., S. 506; *Cobianchi,* Gli assegni turistici, in: R. D. C. 1929 II, S. 389.

[40] Käser, Rechtliche Aspekte . . ., in: ZKW 1962, S. 402.

[41] Der Ausdruck ist zur Bezeichnung des Zahlungsgeschäftes im Reisescheckverkehr allgemein gebräuchlich.

[42] *Heck,* Grundriß des Schuldrechts, a. a. O., S. 391.

[43] Der Domiziliat wird im allgemeinen als ein vom Bezogenen verschiedener „Zahlungsleister" *(Jacobi,* Wechsel- und Scheckrecht, a. a. O., S. 507) am dritten Ort von der Zahlstelle, die sich am selben Ort befindet, unterschieden, vgl. *v. Schwerin,* Wechsel- und Scheckrecht . . ., a. a. O., S. 118. Die Unterscheidung hat jedoch keine rechtliche Bedeutung, vgl. *Baumbach-Hefermehl,* Wechselgesetz und Scheckgesetz, a. a. O., Art. 4 WG Anm. 1.

[44] *Jacobi,* Wechsel- und Scheckrecht, a. a. O., S. 503 f.

[45] Die Frage, ob die Korrespondenzbanken im Reisescheckverkehr als Domiziliaten im scheckrechtlichen Sinne anzusehen sind, ist in früherer Zeit in der Literatur streitig gewesen. Es handelte sich hier aber um Reiseschecks,

aa) Der Aufwendungsersatz-Anspruch allgemein

Die Voraussetzungen dieses Anspruches müssen hier stets dann als gegeben angesehen werden, wenn die Korrespondenzbank die Einlösung des bei ihr präsentierten Reiseschecks entsprechend den Einlösungsrichtlinien des Emissionsinstitutes unter Beachtung der bankenüblichen Sorgfalt vorgenommen hat. Sie ist also insbesondere verpflichtet, sorgfältig zu prüfen, ob der vorgelegte Reisescheck die Echtheitsmerkmale aufweist und nicht durch Rasuren oder chemische Mittel verändert worden ist, ob die Gültigkeitsfrist noch nicht abgelaufen ist, ferner ob die in Gegenwart des Schalterbeamten vollzogene Gegenzeichnung des Vorlegers mit der ersten Unterschrift übereinstimmt, und schließlich ob der Vorleger durch seinen amtlichen Ausweis legitimiert wird. Die Sorgfaltspflicht darf auch hier hinsichtlich der Prüfung der beiden Unterschriften nicht überspannt werden[46]. Das Emissionsinstitut wird die Erstattung der für die Einlösung gemachten Aufwendungen nur dann ablehnen können, wenn die Korrespondenzbank eine der vorgeschriebenen Maßregeln überhaupt nicht beachtet hat oder wenn erkennbare Mängel der Urkunde oder der Berechtigung des Vorlegers nicht festgestellt wurden, obwohl dies den Umständen nach erwartet werden konnte[47].

bb) Der Aufwendungsersatz-Anspruch bei Zahlung an einen Nichtberechtigten

Fraglich könnte sein, ob dies auch dann gilt, wenn die Korrespondenzbank die Einlösung gegenüber einem Nichtberechtigten vornahm. Zwei Fälle kommen in Betracht: es kann sich um Reiseschecks handeln, die dem Emissionsinstitut oder einer Ausgabestelle gestohlen wurden und anschließend ohne weitere Schwierigkeiten von den Dieben verwertet werden konnten. Häufiger wird es vorkommen, daß die Korrespondenzbanken Reiseschecks einlösen, die dem Erwerber — mit der ersten Unterschrift versehen — abhanden gekommen oder gestohlen waren, wobei es dem Vorleger gelang, den Schalterbeamten durch Fälschung der zweiten Unterschrift zu täuschen.

In beiden Fällen ist der Korrespondenzbank ein Anspruch auf Aufwendungsersatz zuzubilligen. Die teilweise in den USA vertretene An-

---

die nur bei bestimmten, in der beigefügten Korrespondenzliste aufgeführten Banken eingelöst werden konnten: bejahend *Michaelis,* Scheckgesetz, a. a. O., § 5 ScheckG Anm. 8, S. 68. A. A. dagegen *Breit,* Scheck-, Giro- und Depositenrecht, a. a. O., § 5 ScheckG Anm.15, da die Reiseschecks von den bezeichneten Korrespondenzbanken „angekauft" und im übrigen auch anderweitig in Zahlung genommen würden; ebenso auch *Jacobi,* Wechsel- und Scheckrecht, a. a. O., S. 514 N. 1.

[46] Vgl. oben S. 92.

[47] Ebenso *Mossa,* Lo check e l'assegno circolare ..., a. a. O., S. 507.

sicht, daß der Auftrag des Emissionsinstitutes nur dahin gehe, an den Berechtigten zu zahlen, so daß ein Erstattungsanspruch für die Zahlung an einen Nichtberechtigten nicht bestehe[48], entspricht nicht der deutschen Rechtsauffassung[49]. Der Auftrag des Emissionsinstitutes hat — wie beim Reisescheckvertrag — die Einlösung der vorkommenden Reiseschecks unter Beachtung der maßgeblichen Richtlinien zum Inhalt. Hat sich die Korrespondenzbank an diesen Auftrag gehalten und war die Zahlung an den Nichtberechtigten trotz Anwendung der zu beobachtenden bankenüblichen Sorgfalt nicht zu verhindern, so muß ihr das Emissionsinstitut die Aufwendungen gem. § 670 BGB ersetzen[50]. Eine andere Behandlung derartiger Fälle würde den Bedürfnissen des Reisescheckverkehrs nicht gerecht werden. Denn man würde die Korrespondenzbanken mit dem Risiko der Fehlleistung belasten, die ihre Bereitwilligkeit zur Einlösung von Reiseschecks erheblich vermindern würde[51].

Zweifelhaft ist es, inwieweit der Korrespondenzbank dann ein Erstattungsanspruch zusteht, wenn sie einen bereits übertragenen Reisescheck einlöst und die Zahlung an einen Nichtberechtigten erfolgt. Die dem Reisescheckverfahren eigentümliche Legitimationsprüfung kann die Korrespondenzbank in derartigen Fällen nicht vornehmen. Auch ist die Gefahr hier besonders groß, daß es sich um einen abhanden gekommenen Reisescheck handelt, der von einem Nichtberechtigten bereits verwertet werden konnte. Die Einlösungsrichtlinien schreiben für diesen Fall vor, daß die Einlösung dann erfolgen soll, wenn der Einreicher der Einlösungsstelle durch sein Giro haftet[52]. Richtet sich die Einlösungsstelle hiernach, so wird man ihr den Erstattungsanspruch zubilligen müssen, da sie auftragsgemäß vorgegangen ist, wobei allerdings die sorgfältige Prüfung der auf dem Reisescheck befindlichen Indossamentenkette hinzukommen muß. Fraglich erscheint aber doch, ob mit dem Giro (Indossament) viel geholfen ist. Denn dieses wird in Anbetracht der Ausgestaltung des Reiseschecks als Scheck wegen Art. 24 i. V. mit Art. 29 ScheckG im Regelfall seine besonderen Wirkungen nicht ent-

---

[48] *Sullivan* v. *Knauth* 115 N. E. 460 (1917); *Williston*, Negotiable Instruments, a. a. O., S. 289 u. 292.

[49] Vgl. *Dyckerhoff*, Schwierigkeiten im Kreditbrief- und Travellerscheck-Verkehr, in: BankA 1926/27, S. 270, und *Koch*, Banken und Bankgeschäfte, a. a. O., S. 246 u. 275, mit Bezug auf Fälle, die im Kreditbriefverkehr vorgekommen waren.

[50] Ebenso: *Käser*, Rechtliche Aspekte ..., in: ZKW 1962, S. 402; *Trost-Schütz*, Bankgeschäftliches Formularbuch, a. a. O., S. 395.

[51] So auch im Gegensatz zu der oben zitierten amerikanischen Auffassung N. N., Negotiability of Travelers Checks, in: Yale L. J. Bd. 47, S. 476.

[52] Vgl. oben S. 26.

falten können[53]. Sofern nicht Zweifel an der Berechtigung des Vorlegers völlig ausgeschlossen sind, dürfte es sich deshalb empfehlen, solche Schecks stets nur zum Inkasso hereinzunehmen[54].

II. Die Rechtsbeziehung zwischen dem Emissionsinstitut und dem mit ihm nicht in Geschäftsbeziehung stehenden Kreditinstitut als Geschäftsführung ohne Auftrag

Da die Reiseschecks auch bei Kreditinstituten verwertet werden können, die mit dem Emissionsinstitut nicht in Geschäftsverbindung stehen, ist die Frage zu erörtern, ob zwischen den beiden Banken eine Rechtsbeziehung entsteht, und welcher Art diese gegebenenfalls ist.

Ein Vertragsverhältnis liegt hier nicht vor. Denn es fehlt an einem Auftrag des Emissionsinstitutes, die Einlösung auf seine Rechnung und in seinem Namen vorzunehmen. Das Reisescheckformular bietet selbst keinen Anhalt dafür, daß das Emissionsinstitut einen solchen Auftrag selbst erteilt. Da für die Einlösung besondere Richtlinien herausgegeben werden, wird man ohne deren Bekanntgabe einen derartigen Auftrag auch sonst nicht annehmen dürfen. Ferner kann auch der Reisescheckerwerber dem Kreditinstitut, an das er sich zwecks Zahlung wendet, nicht den Auftrag erteilen, im Namen und auf Rechnung des Emissionsinstitutes zu zahlen[55].

Es könnte hiernach auf seiten des zahlenden Kreditinstitutes nur eine *Geschäftsführung ohne Auftrag* gem. §§ 677 ff. BGB vorliegen.

1. Die Meinungen in der Literatur

Die Frage, ob dieses gesetzliche Schuldverhältnis hier anzunehmen ist, wird in der Literatur unterschiedlich beantwortet.

Justat und *Maurer*[56] zweifeln, ob die Geschäftsführung dem Interesse und dem mutmaßlichen Willen des Emissionsinstitutes entspricht, wenn ein anderer als der erste Erwerber den Reisescheck zur Zahlung vorlegt; denn dem Emissionsinstitut könnten zwischenzeitlich Tatsachen zur Kenntnis gelangt sein, die seinen Willen zur Einlösung ausschließen. Die Bank würde deshalb Gefahr laufen, ihr Geld nicht zurückzubekommen, wenn sie als auftragslose Geschäftsführerin tätig wird. Diese Folge könne — vorausgesetzt, daß der Reisescheck ein indossables Papier sei, — dadurch umgangen werden, daß die Bank sich zum An-

---

[53] Vgl. oben S. 73.

[54] Vgl. *Käser*, Rechtliche Aspekte . . ., in: ZKW 1962, S. 402.

[55] *Jacobi*, Wechsel- und Scheckrecht, a. a. O., S. 512.

[56] *Justat* u. Maurer, Rechtsfragen des Reiseschecks, in: ZKW 1956, S. 155.

kauf der Reiseschecks entschließe, was auch der Praxis entspreche. *Käser*[57] meint dagegen, daß die Voraussetzungen der Geschäftsführung ohne Auftrag gegeben seien, da der Ankauf der Reiseschecks unter Beachtung der Sorgfaltspflicht dem Willen der Emissionsbank entspreche. Er neigt dazu, dies auch dann anzunehmen, wenn die Reiseschecks von anderer Seite als dem Ersterwerber vorgelegt werden, sofern die zahlende Stelle die Indossantenkette sorgfältig geprüft hat.

2. *Die eigene Ansicht*

Man kann die Frage, ob Banken, die mit dem Emissionsinstitut nicht in einem Korrespondenzverhältnis stehen, als auftraglose Geschäftsführer tätig werden, nicht allgemein entscheiden. Es kommt vielmehr auf den Einzelfall an. § 677 BGB setzt die Führung eines fremden Geschäftes voraus. In aller Regel werden aber die Reiseschecks von den Nicht-Korrespondenzbanken *angekauft* und nicht eingelöst[58]. Das bedeutet, daß diese Banken jedenfalls ein objektiv fremdes Geschäft nicht führen; denn der Kauf des Reiseschecks ist kein Geschäft des Emissionsinstitutes. Allerdings kann eine Geschäftsführung ohne Auftrag auch dann vorliegen, wenn ein objektiv eigenes (oder neutrales) Geschäft mit der Absicht vorgenommen wird, es im Interesse eines anderen zu führen[59]. Diese Voraussetzung kann auch beim Ankauf von Reiseschecks durch dritte Banken vielfach vorliegen. Generell wird man dies jedoch nicht sagen können.

Soweit in dieser Hinsicht keine Bedenken gegen die Annahme einer Geschäftsführung ohne Auftrag bestehen, muß aber der von *Käser* vertretenen Meinung, der den Nicht-Korrespondenzbanken einen Anspruch auf Ersatz der Aufwendungen gem. § 683 BGB zubilligen will, zugestimmt werden. Das Emissionsinstitut ist daran interessiert, daß seine Reiseschecks von jeder Bank, an die sich der Erwerber wendet, honoriert werden. Dies entspricht daher auch seinem Willen, wenn eine Bank, zu der eine Korrespondenzbeziehung nicht besteht, die Einlösung oder den Ankauf des Reiseschecks vornimmt. Das kann nicht zweifelhaft sein, wenn die zahlende Bank, auch ohne die Richtlinien des Emissionsinstitutes zu kennen, so vorgegangen ist, wie es gewünscht wird. Da die Banken vielfach gleich verfahren, kann dies durchaus vorkommen. Fraglich könnte es nur sein, ob die Voraussetzungen des Ersatz-

---

[57] *Käser*, Rechtliche Aspekte ..., in: ZKW 1962, S. 402.

[58] Vgl. *Justat* u. *Maurer*, Rechtsfragen des Reiseschecks, in: ZKW 1956, S. 155; *Käser*, Rechtliche Aspekte ..., in: ZKW 1962, S. 402. — In der italienischen Literatur: *Mossa*, Lo check e l'assegno circolare ..., a. a. O., S. 506; *Cobianchi*, Gli assegni turistici, in: R. D. C. 1929 II, S. 389.

[59] *Palandt-Gramm*, Bürgerliches Gesetzbuch, a. a. O., § 677 BGB Anm. 2 b.

anspruches gem. § 683 BGB auch dann noch gegeben sind, wenn die Bank einzelne Regeln des an sich vorgeschriebenen Verfahrens nicht anwandte, weil sie ihr unbekannt waren. Auch in solchen Fällen muß aber der zahlenden Bank ein Anspruch aus auftragloser Geschäftsführung zuerkannt werden. Denn man wird davon ausgehen dürfen, daß die Zahlung der Bank dem Willen des Emissionsinstitutes entspricht, wenn sie unter Beachtung der üblichen Sorgfalt nach dem allgemein bekannten und von den Banken in aller Welt im Prinzip stets gleich angewandten Reisescheckverfahren erfolgte[60]. Hier dürfte das Interesse der Emissionsbank daran, daß der Reisescheck von der ihr fremden Bank überhaupt entgegengenommen wird, das Interesse an der Einhaltung einzelner Verfahrensrichtlinien überwiegen. Die zahlende Bank kann deshalb unter den hier aufgestellten Voraussetzungen gem. § 683 BGB wie ein Beauftragter Ersatz ihrer Aufwendungen verlangen. Die Bank kann dabei nicht anders gestellt werden als eine Korrespondenzbank. Es ist also insbesondere unerheblich, wenn die Zahlung trotz Anwendung der erforderlichen Sorgfalt an einen Nichtberechtigten erfolgte, oder wenn dem Emissionsinstitut in der Zwischenzeit Tatsachen zur Kenntnis gekommen sind, die seinen Willen zur „Einlösung“ ausschließen, wie *Justat* und *Maurer* meinen[61]. In jedem Fall wird es sich für die Bank empfehlen, sich den Reisescheck indossieren zu lassen, um sich nach Möglichkeit zusätzlich zu schützen. Im Ergebnis wird man aber feststellen dürfen, daß solche Banken, die mit dem Emissionsinstitut nicht in Geschäftsverbindung stehen, gegenüber diesem in gleicher Weise erstattungsberechtigt sind wie die Korrespondenzbanken, soweit sie mit dem Willen tätig werden, die Interessen des Emissionsinstitutes wahrzunehmen[62]. Dies entspricht auch den Bedürfnissen des Reisescheckverkehrs.

(C) Die Rechtsbeziehungen zwischen dem Erwerber und drittbeteiligten Kreditinstituten

Die weitere Frage ist nun, inwieweit Rechtsbeziehungen zwischen dem Erwerber und der Ausgabestelle entstehen, wenn er den Reisescheck nicht direkt beim Emissionsinstitut erwirbt (I), und in welchem rechtlichen Verhältnis er gegenüber der Einlösungsstelle steht (II).

---

[60] Im gleichen Sinne wohl *Käser*, Rechtliche Aspekte ..., in: ZKW 1962, S. 402. — Ebenso war es auch, wie *Koch*, Banken und Bankgeschäfte, a. a. O., S. 247, bemerkt, im Kreditbriefgeschäft üblich, Zahlungen von Banken, die nicht zur Zahlung angewiesen waren, zu honorieren, sofern ordnungsmäßig verfahren worden war.

[61] *Justat* u. *Maurer*, Rechtsfragen des Reieschecks, in: ZKW 1956, S. 155.

[62] Vgl. *Käser*, Rechtliche Aspekte ..., in: ZKW 1962, S. 402.

I. Die Beziehung zwischen dem Erwerber und der Ausgabestelle

Zwischen dem Erwerber und der Ausgabestelle werden rechtliche Beziehungen nicht begründet; denn die Ausgabestelle tritt auf Grund des Geschäftsbesorgungsvertrages mit dem Emissionsinstitut lediglich als dessen *Vertreterin* auf und schließt als solche den Reisescheckvertrag mit Wirkung für das Emissionsinstitut ab[63]. Daß die Ausgabestelle nicht im eigenen Namen handelt, muß dabei aus dem Umstand entnommen werden, daß sie Reiseschecks einer fremden Bank ausgibt (§ 164 Abs. 1 S. 2 BGB).

Die Auffassung, daß die Ausgabestelle nicht als Vertreterin tätig wird, sondern im eigenen Namen als Kommissionär, wäre allenfalls dann gerechtfertigt, wenn man den Vorgang beim Erwerb der Reiseschecks als Kauf von Urkunden ansehen könnte, die eine Zahlungsverpflichtung des Emissionsinstitutes enthalten. Denn unter dieser Voraussetzung brauchte eine Rechtsbeziehung zwischen dem Erwerber und dem Emissionsinstitut, auf Grund deren letzteres zur Ausführung der Zahlungsanweisung des Erwerbers verpflichtet wird, nicht hergestellt zu werden. Beim einheitlichen DM-Reisescheck ist dies jedoch nicht der Fall. Der Geschäftsbesorgungsvertrag, der gerade das Emissionsinstitut und nicht die Ausgabestelle verpflichten soll, muß hier durch Vermittlung der Ausgabestelle als Vertreterin zustande gebracht werden.

II. Die Beziehung zwischen dem Erwerber und der Einlösungsstelle

Hinsichtlich des Verhältnisses des Reisescheckerwerbers zur Einlösungsstelle ist wiederum zu unterscheiden, ob es sich dabei um eine Korrespondenzbank des Emissionsinstitutes handelt oder nicht.

Sofern der Reisescheck bei einer Korrespondenzbank des Emissionsinstitutes eingelöst wird, werden dadurch keine Rechtsbeziehungen zwischen Bank und Erwerber hergestellt, da auch jene als Vertreterin des Emissionsinstitutes bei der Einlösung handelt. Eine Rechtsbeziehung ergibt sich dabei auch nicht etwa auf Grund des zwischen dem Emissionsinstitut und der Korrespondenzbank bestehenden Geschäftsbesorgungsvertrages. Dieser kann nicht als Vertrag zugunsten

---

[63] Ebenso *Käser,* Rechtliche Aspekte . . ., in: ZKW 1962, S. 402. — In der ausländischen Literatur: *Sereni,* L'assegno turistico americano, in: Banca, borsa, titoli 1950 I, S. 48; *Ogden,* The Law of Negotiable Instruments, Chicago, 1938, S. 481; N. N., Negotiability of Travelers Checks, in: Yale L. J. Bd. 47, S. 476; *Marin,* Nature et régime des chèques de voyage, in: Banqué 1951, S. 576.

des Reisescheckerwerbers aufgefaßt werden und begründet keinen Anspruch des Erwerbers gegen die Korrespondenzbank auf Zahlung[64].

Wendet sich der Erwerber an eine Bank, die mit dem Emissionsinstitut nicht in Geschäftsbeziehung steht, so kann der Verwertungsakt entweder als Einlösung oder als Kauf des Reueschecks anzusehen sein[65]. Es wird auf den einzelnen Fall ankommen, ob das eine oder das andere gewollt ist[66]. Im allgemeinen wird es sich — wie oben bereits festgestellt wurde — um einen Kaufvertrag handeln. Die dem Emissionsinstitut fremden Banken werden den Reisescheck, auf den sie Zahlung geleistet haben, in der Regel nicht entwerten und deshalb auch nicht den Willen haben, ihn im rechtlichen Sinne einzulösen.

(D) Die Rechtsstellung des Dritterwerbers gegenüber dem Emissionsinstitut

Die Rechtsstellung des Dritterwerbers im Reisescheckverkehr ist noch näher darzustellen, wobei hier nur, da sich im übrigen keine Besonderheiten ergeben, diejenige gegenüber dem Emissionsinstitut interessiert. Es wird sich überwiegend um Hotels, Pensionen, Geschäfte, aber auch um Kreditinstitute handeln, die mit dem Emissionsinstitut nicht in Geschäftsverbindung stehen und für dieses auch nicht im Wege der auftraglosen Geschäftsführung tätig werden.

Wie oben festgestellt wurde[67], erhält auch der legitimierte Dritterwerber aus dem zwischen dem Emissionsinstitut und dem ersten Erwerber zustande kommenden Vertrag einen unmittelbaren — wenn auch zeitlich begrenzten — Anspruch gegen das Emissionsinstitut. Die noch zu klärende Frage ist, *wann* der Dritterwerber legitimiert ist und damit unmittelbar berechtigt wird.

Keine Schwierigkeiten können dann entstehen, wenn der Reisescheck vom berechtigten Ersterwerber erworben wird. Von Interesse wird diese Frage wiederum nur dann, wenn der Dritte einen Reisescheck, der dem ersten Erwerber abhanden gekommen war, von dem Dieb oder dem unredlichen Finder gutgläubig erworben hat. In diesem Fall kann der

[64] So auch die italienische Auffassung: vgl. Corte d'Apello di Genova 19. 4. 1929 in: R. D. C. 1929 II, S. 384 ff. und *Cobianchi* in der Anmerkung zu dieser Entscheidung.

[65] *Justat* u. *Maurer*, Rechtsfragen des Reiseschecks, in: ZKW 1956, S. 155, erörtern auch die Möglichkeit, ob das Rechtsgeschäft als Inkassoauftrag angesehen werden könne. Ein näheres Eingehen auf diese Frage erübrigt sich jedoch, da — wie auch *Justat* u. *Maurer* bemerken — die Annahme eines Inkassoauftrages dem Zweck des Geschäftes nicht gerecht würde, wenn der erste Erwerber den Reisescheck zur Zahlung vorlegt.

[66] Vgl. oben S. 101.

[67] Vgl. oben S. 88 ff.

Dritterwerber nur dann als legitimiert angesehen werden, wenn er durch ein gültiges Indossament geschützt wird. Das bedeutet nicht, daß das Indossament auch die zugrunde liegende Forderung übertrage; denn eine derartige Wirkung hat das Indossament nach deutschem Recht nicht[68]. Nur auf Grund des Indossamentes kann sich aber der gutgläubige Erwerber als Berechtigter des Reiseschecks legitimieren, dem nach dem zugrunde liegenden Reisescheckvertrag auch das Recht auf das Guthaben zustehen soll. Die bloße Begebung des Reiseschecks vermag diese Wirkung nicht zu erzielen; denn soweit der Reisescheck wie ein Rektapapier begeben wird, ist ein gutgläubiger Erwerb nicht möglich, weil in diesem Fall das Recht am Papier dem Recht aus dem Papier — hier die Ermächtigung des Ausstellers — folgt, dieses aber nicht gutgläubig erworben werden kann. Der Dritterwerber würde sich deshalb auch nicht als Berechtigter hinsichtlich der zugrunde liegenden Forderung aus dem Reisescheckvertrag legitimieren können. Hier zeigt sich wiederum, daß der Reisescheckverkehr der Möglichkeit, dieses Papier wirksam durch Indossament übertragen zu können, bedarf, um gutgläubigen Dritterwerbern, deren Interesse gerade im Reisescheckverkehr geschützt werden sollte, einen Anspruch gegen das Emissionsinstitut zu geben. Der Reisescheckvertrag als Vertrag zugunsten Dritter beseitigt dieses Bedürfnis nicht.

Eine wesentliche Stärkung erfährt die Rechtsposition des gutgläubigen Dritterwerbers im übrigen dann, wenn die Emissionsinstitute für ihre Reiseschecks eine *besondere Garantieerklärung* abgeben, deren Zulässigkeit vom Annahmeverbot des Art. 4 ScheckG nicht berührt wird[69]. Dies ist — soweit ersichtlich — durch die Spitzenverbände der deutschen Kreditinstitute bisher nur gegenüber den Mitgliedern des Deutschen Hotel- und Gaststättenverbandes geschehen[70]. Diesen gegenüber sind daher die Emissionsinstitute verpflichtet, in Zahlung genommene Reiseschecks einzulösen, sofern das bei der Entgegennahme der Urkunden angewandte Verfahren dem für die Einlösung vorgeschriebenen entsprach.

(E) Die Rechtsbeziehungen zwischen den Beteiligten am Reisescheckverkehr nach internationalem Privatrecht

Da der Reisescheckverkehr internationalen Charakter hat, können auch hinsichtlich der zwischen den Beteiligten entstehenden Rechtsbezie-

---

[68] *Ulmer*, Das Recht der Wertpapiere, a. a. O., S. 311; *Quassowski-Albrecht*, Scheckgesetz, a. a. O., Art. 17 ScheckG Anm. 4.

[69] *Baumbach-Hefermehl*, Wechselgesetz und Scheckgesetz, a. a. O., Art. 4 ScheckG Anm. 1; *Keßler*, Scheckgesetz, a. a. O., Art. 4 ScheckG Anm. 2, S. 49.

[70] Vgl. *Hahn*, Sind Spezialschecks und Goldzertifikate Geldersatz, in: BlGenW 1960, S. 142.

hungen kollisionsrechtliche Fragen auftauchen. Besondere Schwierigkeiten ergeben sich hier jedoch nicht; denn insoweit kann auf vorhandene international-privatrechtliche Regeln, insbesondere auf die des internationalen Scheckprivatrechts zurückgegriffen werden. Aus Gründen der Vollständigkeit dieser Darstellung der Rechtsgrundlagen des Reisescheckverkehrs seien die in Betracht kommenden Fälle kurz aufgeführt.

I. Der Reisescheckvertrag

Zwischen dem Erwerber und dem Emissionsinstitut kommt der Reisescheckvertrag zustande, der seinem Wesen nach ein Geschäftsbesorgungsvertrag ist. Kollisionsrechtlich wird man hier ebenso verfahren müssen wie beim normalen Scheckvertrag. Danach ist bei allen Fragen, die sich aus dem Rechtsverhältnis zwischen Erwerber und Emissionsinstitut ergeben, das am Sitz des letzteren geltende Recht anzuwenden[71]. Denn auch hier muß davon ausgegangen werden, daß sich der Erwerber des Reiseschecks — möglicherweise ausdrücklich durch die Annahme der Bedingungen des Emissionsinstitutes oder sonst stillschweigend — dem am Orte des Emissionsinstitutes herrschenden Recht unterwirft. Erwirbt also z. B. ein Amerikaner für eine Reise nach Deutschland in den USA DM-Reiseschecks, so richten sich die Rechte und Pflichten der Parteien nach deutschem Recht. Umgekehrt gilt amerikanisches Recht, wenn ein Deutscher Travelers Cheques einer amerikanischen Bank bei einer deutschen Ausgabestelle erwirbt. Nicht anders ist auch die Beziehung zwischen einem evtl. Dritterwerber, der die Stellung des Anweisungsempfängers erhält, und dem Emissionsinstitut kollisionsrechtlich zu beurteilen[72]. Nimmt z. B. ein italienisches Hotel den DM-Reisescheck von einem deutschen Erwerber an, so unterliegt die anweisungsrechtliche Beziehung des Hotels zum Emissionsinstitut deutschem Recht.

Im Zusammenhang mit der Einlösung von Reiseschecks durch eine Korrespondenzbank des Emissionsinstitutes werden sich im allgemeinen keine kollisionsrechtlichen Probleme ergeben. Sie untersteht als Erfüllung des Reisescheckvertrages der Rechtsordnung, die den Verpflichteten, hier also das Emissionsinstitut beherrscht[73].

---

[71] *Frankenstein,* Internationales Privatrecht II. Bd., Berlin 1929, S. 452; *Veith,* Internationales Wechsel- und Scheckrecht, in: Rechtsvergleichendes Handwörterbuch ... IV. Bd., a. a. O., S. 521.

[72] Vgl. *Schnitzer,* Handbuch des Internationalen Privatrechts Bd. II, Basel 1958, S. 717.

[73] Frankenstein, Internationales Privatrecht Bd. II, Berlin 1929, S. 272.

II. Der Begebungsvertrag

Von Bedeutung kann insbesondere die Frage werden, nach welchem Recht der im Ausland stattfindende Erwerb des Reiseschecks durch einen Dritten zu beurteilen ist. Auch hier können die für die Übertragung des normalen Schecks geltenden Regeln herangezogen werden. Dies bedeutet, daß das Recht am Orte der Übergabe maßgeblich ist (lex rei sitae)[74]. Es bestimmt vor allem auch, ob ein Erwerb kraft guten Glaubens möglich ist[75]. Ist der Reisescheck durch Indossament übertragen worden, so richten sich dessen Wirkungen gem. Art. 63 ScheckG nach dem Recht des Landes, in dem die Erklärung unterschrieben worden ist[76]. Der gutgläubige Indossatar eines ausländischen Reiseschecks in Deutschland ist daher weitgehend geschützt.

Eine andere Frage ist dagegen, ob der Erwerber des Reiseschecks auch die Forderung auf das Guthaben erwirbt, auf das sich die Anweisung bezieht. Diese Frage ist im Gegensatz zu dem Vorherigen nach dem Recht des Landes zu beurteilen, das die Forderung beherrscht[77], d. h. nach dem am Sitz des Emissionsinstitutes geltenden Recht (Art. 65 Ziff. 6 ScheckG).

III. Der Geschäftsbesorgungsvertrag zwischen dem Emissionsinstitut und seinen Korrespondenzbanken

Unproblematisch ist ferner auch in kollisionsrechtlicher Hinsicht das Rechtsverhältnis zwischen dem Emissionsinstitut und seinen Korrespondenzbanken im Ausland, die DM-Reiseschecks ausgeben und einlösen. Zwischen den Parteien besteht ein Geschäftsbesorgungsvertrag, der nicht anders behandelt werden kann als der Reisescheckvertrag. Hier muß davon ausgegangen werden, daß sich das Emissionsinstitut dem Recht unterwirft, dem seine Korrespondenzbank untersteht, so daß sich die gegenseitigen Rechte und Pflichten nach dem jeweiligen ausländischen Recht richten[78].

---

74 *Nußbaum*, Deutsches Internationales Privatrecht, a. a. O., S. 327; *Jacobi*, Wechsel- und Scheckrecht, a. a. O., S. 1026.

75 *Nußbaum*, Deutsches Internationales Privatrecht, a. a. O., S. 328.

76 Ebenso *Käser*, Der amerikanische Travelers Check in der internationalen Rechtsprechung, in: ZKW 1961, S. 199. — Dieselbe Regel gilt in allen Ländern, die dem Abkommen über Bestimmungen auf dem Gebiete des internationalen Scheckprivatrechts vom 19. 3. 1931 beigetreten sind, vgl. Art. 5 des Abkommens bei *Makarov*, Quellen des Internationalen Privatrechts Bd. II, Berlin-Tübingen 1960, S. 768. — Ebenso auch das amerikanische Recht, vgl. *Käser*, Der amerikanische Travelers Check, a. a. O., mit weiteren Hinweisen.

77 *Frankenstein*, Internationales Privatrecht Bd. II, a. a. O., S. 352.

78 Vgl. hierzu BGH 11. 7. 1957 WM 1957, S. 1047 (1048).

IV. Die auftragslose Geschäftsführung einer mit dem Emissionsinstitut nicht in Geschäftsverbindung stehenden Bank

Fraglich ist dagegen, welches Recht anzuwenden ist, wenn eine ausländische Bank im Wege der Geschäftsführung ohne Auftrag für das Emissionsinstitut tätig wird. Die Meinungen in der Literatur sind geteilt. Teilweise gibt man dem Wohnsitzrecht des Geschäftsherrn[79], teilweise dem des Geschäftsführers[80] den Vorzug; andere knüpfen an das Recht des Ortes an, an dem das Geschäft geführt wird[81], während nach einer weiteren Meinung die Verpflichtungen des Geschäftsführers und des Geschäftsherrn gesondert zu betrachten sind und jeder dem Recht seines Heimatstaates untersteht[82].

Im Rahmen des Reisescheckverkehrs wird man sich in Fällen einer auftragslosen Geschäftsführung durch eine ausländische Bank für die Anknüpfung an das am Ort dieser Bank geltende Recht entscheiden müssen. Es ist anwendbar sowohl nach der Ansicht, die das Wohnsitzrecht des Geschäftsführers für maßgeblich hält als auch nach der Meinung, die den Ort der Geschäftsführung für entscheidend ansieht. Auch aus dem Gedanken heraus, daß die ausländische Bank als Drittbeteiligte im Reisescheckverkehr weitgehend Schutz verdient, wird man dem für sie geltenden Recht den Vorzug geben müssen. Es wäre auch kaum gerechtfertigt, die Fälle, in denen eine Nicht-Korrespondenzbank Reiseschecks einlöst, kollisionsrechtlich anders zu behandeln als diejenigen, in denen Korrespondenzbanken für das Emissionsinstitut tätig geworden sind.

C. Öffentlich-rechtliche Fragen des Reiseschecks

Der Reisescheck wirft zwei Fragen öffentlich-rechtlicher Art auf, auf die hier nur kurz eingegangen zu werden braucht, da sich die Beantwortung bereits aus den vorhergehenden Ausführungen ergibt. Es han-

---

[79] *Nußbaum,* Deutsches Internationales Privatrecht, a. a. O., S. 295, mit weiteren Hinweisen.

[80] *Schnitzer,* Handbuch des Internationalen Privatrechts Bd. II, a. a. O., S. 716.

[81] *Wolff,* Das internationale Privatrecht Deutschlands, Berlin-Göttingen-Heidelberg 1954, S. 169; *Kegel,* Das internationale Privatrecht im Einführungsgesetz zum BGB, Stuttgart 1961, vor Art. 7 EGBGB Anm. 21.

[82] *Frankenstein,* Internationales Privatrecht Bd. II, a. a. O., S. 314 f.

[1] Im Zusammenhang mit dieser Frage ist der Reisescheck in der Form des Travelers Cheque der American Express Company Gegenstand gerichtlicher Entscheidungen gewesen, vgl. RG 10. 5. 1912 RGZ 79, S. 342 ff. und RFH 2. 3. 1926 RFHE 18, S. 274 ff.

delt sich einmal um die Frage, ob der Reisescheck der Wechselsteuerpflicht unterliegt[1], und zum anderen, ob vom Standpunkt des Bundesbankgesetzes Bedenken gegen die Zulässigkeit des Reiseschecks bestehen (B).

(A) Die Wechselsteuerfreiheit des DM-Reiseschecks

Da der Reisescheck die Form eines Schecks i. S. des ScheckG hat, ist er gem. § 6 Abs. 1 Ziff. 3 WStG von der Wechselsteuerpflicht ausgenommen. Allerdings handelt es sich um eine besondere Art des Schecks. Die Eigenart des Reiseschecks kann aber keinesfalls die Besteuerung nach sich ziehen. Der Wechselsteuer unterliegen Wechsel und wechselähnliche Urkunden, wobei an die Bedeutung des Wechsels als Kreditpapier gedacht ist[2]. Der Reisescheck ist jedoch kein Kreditpapier. Ihm fehlt dazu — wie oben festgestellt wurde[3] — jegliche Eignung.

(B) Die Zulässigkeit des DM-Reiseschecks nach dem Bundesbankgesetz

Die Frage, ob die Ausgabe des DM-Reiseschecks nach dem Bundesbankgesetz zulässig ist, stellt sich im Hinblick auf die Vorschrift des § 35 BundesbankG. Hiernach ist die unbefugte Ausgabe von Geldzeichen strafbar. Das Gesetz versteht unter „Geldzeichen" Marken, Münzen, Scheine oder andere Urkunden, die geeignet sind, im Zahlungsverkehr an Stelle der gesetzlich zugelassenen Münzen oder Banknoten verwendet zu werden.

Wie von *Hahn* zutreffend dargelegt worden ist[4], kann der DM-Reisescheck nicht als „Geldersatz" i. S. des § 35 BundesbankG angesehen werden. Denn ihm fehlen wesentliche Erfordernisse eines Geldzeichens, nämlich die formlose Übertragbarkeit und die Fähigkeit, als Umlaufmittel zu fungieren[5]. Die vornehmliche Aufgabe des Reiseschecks, Geldwert sicher zu transportieren, schließt die Gefahr, daß er zum Geldersatz wird, von vornherein aus; denn in dieser Eigenschaft könnte er seinen Zweck naturgemäß nicht mehr erfüllen.

---

[2] *Judeich*, Wechselsteuergesetz, Stuttgart 1955, S. 43. *Ziegler*, Wechselsteuergesetz, Frankfurt 1960, § 6 WStG Anm. 9.

[3] Vgl. oben S. 69.

[4] *Hahn*, Sind Spezialschecks und Goldzertifikate Geldersatz, in: BlGenW 1960, S. 141 ff.

[5] Insoweit darf auf die Ausführungen S. 70 f. verwiesen werden.

Zweiter Abschnitt

Darstellung der amerikanischen italienischen und französischen Rechtsprechung und Literatur zum Reisescheck

Die Rechtsnatur ausländischer Reiseschecks ist nach dem Recht des jeweiligen ausländischen Emissionsinstitutes zu beurteilen[1]. Rechtsfragen, die sich im internationalen Reisescheckverkehr in der Bankpraxis immer wieder ergeben können, werden häufig auf Grund des deutschen Kollisionsrechtes nach ausländischem Recht zu beantworten sein[2]. Aus diesen Gründen sind die in der ausländischen Literatur und Rechtsprechung festzustellenden Rechtsauffassungen zu Fragen, die mit dem Reisescheck zusammenhängen, von Interesse. Sie seien deshalb im folgenden unter Beschränkung auf drei Länder, in denen Rechtsfragen zum Reisescheck häufiger Gegenstand von Erörterungen in der Literatur und von Entscheidungen der Gerichte gewesen sind, dargestellt[3]. Eine rechtsvergleichende Untersuchung mußte dabei außer Betracht bleiben, da sie über das Anliegen dieser Arbeit hinausgehen würde, im übrigen aber auch mangels einheitlicher und gesicherter Rechtsauffassungen in den einzelnen Ländern wenig sinnvoll erscheint.

A. Der Reisescheck in der Literatur und Rechtsprechung der USA[4]

(A) Vorbemerkungen

In den Vereinigten Staaten ist die Rechtsprechung häufiger mit Rechtsfragen auf dem Gebiete des Reisescheckverkehrs befaßt worden als in Deutschland. Dennoch müssen auch hier die Fälle, in denen der amerikanische Reisescheck (Travelers Cheque) Gegenstand gerichtlicher Ent-

---

[1] Vgl. oben S. 85.

[2] Vgl. oben S. 105 ff.

[3] Es sei besonders darauf hingewiesen, daß Entscheidungen englischer Gerichte auf dem Gebiete des Reisescheckverkehrs nicht bekannt sind, vgl. *Byles*, On Bills of Exchange, 1955, S. 101 N. e. — Auf Stellungnahmen in der englischen Literatur wird im Zusammenhang mit der Darstellung der Literatur und Rechtsprechung in den USA hingewiesen.

[4] Zum Travellers Cheque haben sich unter Zugrundelegung amerikanischen Rechts auch zwei italienische Autoren geäußert: *Sereni*, L'assegno turistico americano, in: Banca, borsa, titoli 1950 I, S. 46 ff., und *Broglio*, La cambiale e lo chèque nel diritto anglo-americano, St. Paul Minn. 1943. Auf sie wird ebenfalls Bezug genommen.

scheidungen gewesen ist, im Verhältnis zum Umfang des Reisescheckverkehrs, der gerade in den USA außerordentlich groß ist, als wenig zahlreich bezeichnet werden[5]. Der Grund hierfür ist in der allgemein großzügigen Geschäftspolitik der Emissionsinstitute zu sehen[6].

Obwohl die Travelers Cheques in den USA seit 1891 eingeführt sind und ihre Verwendung seitdem ständig zugenommen hat, ist der Travelers Cheque nicht im Uniform Negotiable Instruments Law von 1896 und auch nicht in den späteren Ergänzungen dieses Gesetzes geregelt worden[7]. In der Rechtsprechung und Literatur wird daher bei der Erörterung von Rechtsfragen des Reisescheckverkehrs vor allem auf die zwischen den Beteiligten zustande kommenden vertraglichen Vereinbarungen und auf die allgemeinen Bestimmungen des Negotiable Instruments Law (NIL) Bezug genommen[8].

Im folgenden sollen zunächst Stellungnahmen zur Rechtsnatur des Travelers Cheque (B) und im Anschluß daran zu einzelnen Rechtsfragen des amerikanischen Reisescheckverkehrs (C) dargestellt werden.

(B) Die Rechtsnatur des Travelers Cheque

I. Der Travelers Cheque als negotiable instrument

1. Das Vorliegen der Voraussetzungen gemäß § 1 NIL

Im Zusammenhang mit der Frage nach der Rechtsnatur des Travelers Cheque wird zunächst erörtert, ob es sich hier um ein Papier i. S. des § 1 NIL, d. h. um ein negotiable instrument handelt[9]. Dabei stellt sich die Frage, ob der Travelers Cheque die gem. § 1 NIL erforderliche unbedingte Zahlungszusage bzw. Zahlungsanweisung enthält[10]. Zwei-

---

5 Vgl. N. N., Negotiability of Travelers Checks, in: Yale L. J. Bd. 47, S. 470.

6 Vgl. N. N., Negotiability of Travelers Checks, in: Yale L. J. Bd. 47, S. 470, mit Bezug auf: Peoples Savings Bank of Grand Haven, Mich., v. American Surety Co. of N. Y. 15 F. Supp. 911 u. 913 (1936).

7 *Sereni*, L'assegno turistico americano, in: Banca, borsa, titoli 1950 I, S. 47.

8 *Sereni*, L'assegno turistico americano, a. a. O.

9 § 1 NIL lautet (Übersetzung nach *Schettler-Büeler*, Das Wechsel- und Scheckrecht aller Länder, Köln):

„1. Es bedarf der Schriftform und der Unterzeichnung durch den Ausgeber oder Aussteller.
2. Es hat eine unbedingte Zusage oder Anweisung auf Zahlung einer bestimmten Summe Geldes zu enthalten.
3. Es muß auf Anforderung oder zu bestimmtem oder bestimmbarem zukünftigem Zeitpunkt zahlbar sein.
4. Es muß an Order oder Überbringer zahlbar sein.
5. Sofern das Papier an einen Bezogenen gerichtet ist, muß dieser darin namentlich oder in anderer Weise mit hinreichender Sicherheit angegeben sein."

10 *Williston*, Negotiable Instruments, a. a. O., S. 292; N. N., Negotiability of Travelers Checks, in: Yale L. J. Bd. 47, S. 475.

fel in dieser Richtung werden deshalb aufgeworfen, weil in den Travelers Cheques die Zahlung von der Gegenzeichnung abhängig gemacht wird und weil sie häufig mit der Guthaben-Klausel versehen sind[11], das Versprechen oder die Anweisung, aus einem bestimmten Guthaben zu zahlen, aber gem. § 3 NIL nicht unbedingt ist. Beide Bedenken werden jedoch als unbegründet angesehen[12].

Hinsichtlich der Abhängigkeit der Zahlung von der Gegenzeichnung handelt es sich nach *Williston*[13] deshalb nicht um eine bedingte Zahlungsanweisung, weil der Travelers Cheque überhaupt erst mit der Gegenzeichnung zustande komme, vorher also als gültiges Papier nicht existent sei. Mit Gegenzeichnung sei deshalb die Zahlungsanweisung oder das Zahlungsversprechen unbedingt. Zu demselben Ergebnis kommt der Verfasser des Aufsatzes im Yale Law Journal Bd. 47, S. 470 ff. mit der Begründung, der Travelers Cheque[14] enthalte eine unbedingte Anweisung, sobald der Beamte des Emissionsinstitutes seine Unterschrift geleistet habe. Gemeint ist offenbar die Faksimile-Unterschrift, die sich auf dem Travelers Cheque befindet. Mit dieser Unterschrift komme die Tratte zustande, die im Travelers Cheque mit dem Kreditbrief vereinigt sei[15].

Die Bedenken, die sich im Hinblick auf § 3 NIL ergeben könnten, werden mit der Begründung ausgeräumt, die Guthabenklausel habe nicht den Sinn, daß das Versprechen bzw. die Zahlungsanweisung aus einem bestimmten Guthaben ausgeführt werden soll, sondern es handele sich hier lediglich um die Angabe eines besonderen Guthabens, das für die Deckung zur Verfügung stehe[16].

Die Ansicht, daß der Travelers Cheque die Voraussetzungen eines negotiable instrument gem. § 1 NIL erfüllt, wird in der Literatur und Rechtsprechung — überwiegend ohne näheres Eingehen auf die oben

---

[11] z. B.: This order is payable ... out of funds to credit of drawer" oder „Pay this cheque from our balance to the order of."

[12] In der englischen Literatur wird allerdings von *Chorley,* Law of Banking, London 1957, S. 162, und von *Minty,* The Law relating to banking and foreign exchange, London 1931, S. 236, die Ansicht vertreten, es liege keine unbedingte Anweisung und daher auch kein negotiable instrument vor, weil die Zahlung von der Gegenzeichnung abhängig gemacht werde. Anders jedoch auch hier *Holden, The History of Negotiable Instruments in English* Law, a. a. O., S. 251.

[13] *Williston,* Negotiable Instruments, a. a. O., S. 292.

[14] Gemeint ist hier der T. C. der American Express Company.

[15] Die faksimilierte Unterschrift ist im amerikanischen Recht im Gegensatz zum deutschen Recht rechtsgültig, vgl. Corpus Juris Secundum Bd. 80, New York 1953, „signatures" § 7, S. 2192 f.

[16] *Williston,* Negotiable Instruments, a. a. a. O., S. 292.

dargestellten Zweifelfragen — übereinstimmend geteilt[17], wobei auch hervorgehoben wird, daß das Travelers Cheque-Geschäft ohne die Eigenschaft dieses Papiers als negotiable instrument nicht durchführbar sei[18].

2. *Das Zustandekommen des Travelers Cheque als negotiable instrument*

Besteht somit grundsätzlich über die rechtliche Natur des Travelers Cheque als negotiable instrument Einigkeit, so sind jedoch die Ansichten darüber geteilt, in welchem Zeitpunkt der Travelers Cheque die Voraussetzungen des § 1 NIL erfüllt und ob er stets vollständig als negotiable instrument ausgefüllt wird.

a) Der Zeitpunkt des Zustandekommens

Hinsichtlich der Frage, in welchem *Zeitpunkt* der Travelers Cheque als negotiable instrument zustande kommt, werden zwei Ansichten vertreten.

Nach der einen — offenbar überwiegenden — Meinung ist der Travelers Cheque erst dann vollständig, wenn er vom Erwerber mit der zweiten Unterschrift versehen worden ist. Denn erst von diesem Zeitpunkt an sei das in der Urkunde enthaltene Zahlungsversprechen oder die Zahlungsanweisung unbedingt i. S. des § 1 NIL[19]. Hierbei wird die Gegenzeichnung als ein gewöhnliches Indossament des Inhabers angesehen.

Die andere Auffassung betrachtet den Travelers Cheque bereits dann als vollständiges negotiable instrument, wenn er mit der faksimilierten Unterschrift des Beamten der Emissionsbank versehen ist. Diese

---

[17] City National Bank of Galveston v. American Express Company 16 S. W. 2 d. 278 (1929); American Express Company v. Anadarko Bank & Trust Comp. of Anadarko 67 P. 2 d. 55 (1937); *Emerson* v. American Express Company 90 A. 2 d. 236 (1952); *Ogden,* The Law of Negotiable Instruments, a. a. O., S. 480; *Britton,* Handbook of the law of bills and notes, St. Paul Minn. 1943, S. 44 N. 12; *Paton,* A digest of legal opinions Bd. 1, a. a. O., Nr. 1365.

[18] People Savings Bank of Grand Haven v. American Surety Comp. of N. Y. 15 F. Supp. 911 (1936).

[19] *Sullivan* v. *Knauth* 115 N. E. 460 (1917); American Express Company v. City National Bank of Galveston 7. S. W. 2d. 886 (1928); City National Bank of Galveston v. American Express Company 16 S. W. 2d. 278 (1929); *Squire* v. American Express Company 2 N. E. 2d. 766 (1936); *Emerson* v. American Express Company 90 A. 2d. 236 (1952); First National City Bank of N. Y. v. Frederics-Helton Travel Service Inc. 209 N. Y. S. 2d. 704 (1961); *Williston,* Negotiable Instruments, a. a. O., S. 292; *Ogden,* The Law of Negotiable Instruments, a. a. O., S. 482; *Paton,* A digest of legal opinions ... Bd. 1, a. a. O., Nr. 3148.

Ansicht wird in einem in Oklahoma entschiedenen Fall[20] damit begründet, daß die bezogene Bank mit der Signatur ihres Beamten für das Zustandekommen eines negotiable instrument alles ihrerseits Erforderliche getan habe, so daß die Papiere vollständig seien. Nach einer anderen Begründung[21] folgt dies jedoch daraus, daß der Travelers Cheque eine Tratte enthalte, die hier mit dem Reisekreditbrief verbunden sei. Die Unterschriften des Erwerbers seien nicht erforderlich, um die Tratte vollständig zu machen, sondern dienten dazu, die Berechtigung (authority) des ursprünglichen Erwerbers zur Aushändigung der Tratte zu begründen und damit dem Zahlungsversprechen der Emissionsbank Wirksamkeit (operative effect) zu verleihen. Ein noch nicht ausgefüllter Travelers Cheque sei mehr als ein bloßes Stück Papier; denn auch derjenige, der einen Blanko-Travelers Cheque stehle, könne wegen „embezzlement" bestraft werden[22].

b) Die Benennung des Begünstigten als Voraussetzung des Zustandekommens

Streitig ist auch, ob dann, wenn im Travelers Cheque der Begünstigte, an den die Zahlung erfolgen soll, nicht bezeichnet ist — was in der Praxis häufig vorkommt[23] — ein negotiable instrument vorliegt oder nicht.

Während einige die Auffassung vertreten, daß der Travelers Cheque ohne die Angabe des Begünstigten kein negotiable instrument darstelle[24], wird nach einer anderen Ansicht wegen der besonderen Natur des Papiers in dem Fehlen jener Angabe kein Mangel gesehen[25]. Näher wird diese zuletzt genannte Meinung in dem bereits zitierten Aufsatz[26] damit begründet, daß die Gegenzeichnung als Blankoindossament des ersten Erwerbers gem. § 63 NIL anzusehen sei[27]. Deshalb

---

[20] American Express Company v. Anadarko Bank & Trust Comp. of Anadarko 67 P. 2d. 55 (1937).

[21] N. N., Negotiability of Travelers Checks, in: Yale L. J. Bd. 47, S. 473.

[22] Vgl. People v. Cohen 235 P. 658 (1925).

[23] Vgl. N. N., Negotiability of Travelers Checks, in: Yale L. J. Bd. 47, S. 474 N. 23.

[24] American Express Comp. v. City National Bank of Galveston 7 S. W. 2d. 886 (1928); Brannan, Negotiable Instruments Law, Cincinnati 1948, S. 357 § 15.

[25] City National Bank of Galveston v. American Express Comp. 16 S. W. 2d. 278 (1929); *Emerson* v. American Express Comp. 90 A. 2d. 236 (1952).

[26] N. N., Negotiability of Travelers Checks, in: Yale L. J. Bd. 47, S. 470 ff.

[27] § 63 NIL lautet (Übersetzung nach *Schettler-Büeler*, Das Wechsel- und Scheckrecht aller Länder, a. a. O.): „Bringt eine Person ihre Unterschrift in anderer Weise als in der eines Ausgebers, Ausstellers oder Akzeptanten auf einem Papier an, so gilt sie als Indossant, sofern sie nicht dabei in geeigneter Weise ihren abweichenden Verpflichtungswillen zum Ausdruck bringt."

könne davon ausgegangen werden, daß der Raum hinter den Worten „to the order of“ lediglich einem Dritten zum Vorteil gereichen solle, der den Travelers Cheque im Wege der Übertragung erhalte. Dieser könne ein Interesse daran haben, seinen Namen in die Orderspalte einzutragen, um sich für den Fall des Verlustes oder des Diebstahls zu sichern[28].

II. Der Travelers Cheque als besonderes Wertpapier

1. *Übersicht über die Stellungnahmen zur Rechtsnatur des Travelers Cheque*

Während die Natur des Travelers Cheque als Wertpapier (negotiable instrument) unstreitig ist, ist seine besondere rechtliche Form jedoch auch in den USA bisher nicht einheitlich bestimmt worden[29]. Vielfach wird allgemein vom Travelers Cheque gesprochen, ohne daß kenntlich gemacht wird, um welchen Typ es sich handeln soll. Deshalb sei zunächst eine Übersicht über die vertretenen Meinungen gegeben.

Ganz überwiegend wird der Travelers Cheque als *cashier's cheque* gekennzeichnet, der in der Form einer bill of exchange von der Bank auf sich selbst gezogen und durch die Ausgabe angenommen werde[30]. Nach dieser Auffassung unterscheidet sich der Travelers Cheque wesentlich vom gewöhnlichen Scheck. Folgende Unterschiede werden hervorgehoben:

Im Gegensatz zum gewöhnlichen Scheck, bei dem der Aussteller stets ein anderer als der Bezogene ist, sind beim Travelers Cheque Aussteller und Bezogener identisch[31]. Der gewöhnliche Scheck enthält eine Anweisung auf ein Bankguthaben, während der Travelers Cheque als cashier's cheque die Bestätigung einer Verpflichtung darstellt, die mit der Vereinbarung verbunden ist, daß auf Verlangen gezahlt wird[32]. Ferner handelt es sich beim normalen Scheck um eine schriftliche Anweisung des Inhabers eines Bankguthabens, wogegen der cashier's cheque von einem bevollmächtigten Beamten der Bank

---

[28] N. N., Negotiability of Travelers Checks, in: Yale L. J. Bd. 47, S. 473 N. 19.

[29] N. N., Negotiability of Travelers Checks, in: Yale L. J. Bd. 47, S. 470.

[30] Peoples Savings Bank v. American Surety 15 F. Supp. 911, 913 (1936); Mellon National Bank v. Citizens Bank & Trust Comp. of Camden 88 F. 2d. 128 (1937); *Pines* v. United States 123 F. 2d. 825, 828 (1941); *Paton*, A digest of legal opinions Bd. 1, a. a. O., Nr. 4558 a; *Britton*, Handbook of the law of bills and notes, a. a. O., S. 44 N. 12; *Sereni*, L'assegno turistico americano, in: Banca, borsa, titoli 1950 I, S. 53.

[31] Corpus Juris Secundum Bd. 10, a. a. O., „Bills and Notes“ § 5, S. 409, N. 56[1]; *Brady*, The Law of Bank Checks, a. a. O., S. 3.

[32] Corpus Juris Secundum Bd. 10, a. a. O., „Bills and Notes“ § 5, S. 409, Nr. 56[2].

an einen anderen ausgegeben wird, der berechtigt wird, bei Vorlage den durch den Scheck repräsentierten Betrag in Empfang zu nehmen[33]. Es wird auch darauf hingewiesen, daß der Travelers Cheque nicht innerhalb der für die Einlösung des normalen Schecks bestimmten Frist zur Zahlung vorgelegt werden muß[34], und daß er anders als dieser nicht widerrufen werden kann[35]. Schließlich ist auf den Travelers Cheque § 130 NIL[36] anwendbar, wonach die bankers draft — die ein cashier's cheque darstellt — sowohl als bill of exchange als auch als promissory note angesehen werden kann[37].

Nach einer anderen Meinung handelt es sich beim Travelers Cheque um einen normalen Scheck, der in der Form eines von der bezogenen Bank garantierten Zirkularschecks von der Bank ausgestellt und auf die Bank, ihre Filialen und Agenturen und auf die Korrespondenten gezogen werde[38]. Gegenüber dem Zirkularscheck zeige er nur insoweit einen bemerkenswerten Vorzug, als er die doppelte Unterschrift als Garantie gegen Fälschungen verlange, die der Zirkularscheck nicht kenne. Etwas unbestimmt bezeichnet *Munn*[39] die Travelers Cheques als „internationale Schecks" bzw. als eine modifizierte Form des Reisekreditbriefs, der nicht auf eine bestimmte Bank gezogen werde oder auf eine bestimmte Anzahl von Banken, aber praktisch bei allen Banken in der Welt zahlbar sei.

In ganz anderer Weise hat dagegen ein New Yorker Untergericht den Travelers Cheque als eine an Order gestellte Quittung nach amerikanischem Recht (certificate of deposit) qualifiziert[40]. Schließlich wird er nach einer mehr wirtschaftlichen Betrachtungsweise als eine Art Er-

---

33 Corpus Juris Secundum Bd. 10, a. a. O., „Bills and Notes" § 5, S. 409, N. 56[3].

34 *Sereni*, L'assegno turistico americano, in: Banca, borsa, titoli 1950 I, S. 53.

35 Mellon National Bank v. Citizens Bank & Trust Comp. of Camden 88 F. 2d. 128 (1937). *Paton*, A digest of legal opinions Bd. 1, a. a. O., Nr. 4558; *Sereni*, L'assegno turistico americano, in: Banca, borsa, titoli 1950 I, S. 54; vgl. auch *Leysen*, Le chèque touristique américain, in: Rev. Banque 1951, S. 256.

36 § 130 NIL lautet (Übersetzung nach *Schettler-Büeler*, Das Wechsel- und Scheckrecht aller Länder, a. a. O.): „Sind in einem Wechsel Aussteller und Bezogener dieselbe Person, oder ist der Bezogene eine fingierte oder verpflichtungsunfähige Person, so kann der Inhaber das Papier nach seiner Wahl entweder als gezogenen oder eigenen Wechsel behandeln."

37 Vgl. *Britton*, Handbook of the law of bills and notes, a. a. O., S. 44 N. 12; *Ascarelli*, La girabilità del „traveller's check", in: R. D. C. 1929 II, S. 336, der deshalb die Frage der Rechtsnatur des Reiseschecks in den USA von geringer praktischer Bedeutung hält.

38 *Broglio*, La cambiale e lo chèque nel diritto anglo-americano, a. a. O., Nr. 465 u. 466.

39 Munn, Encyclopedia of Banking and Finance, a. a. O., S. 640.

40 *Williams* v. *Clark* 112 N. Y. S. 2d. 26 (1952).

satz für umlaufendes Geld (currency) angesehen, der den gleichen Regeln wie das Geld unterworfen werden müsse[41]. Auf die unterschiedlichen Formen des Travelers Cheque, die in den Vereinigten Staaten ausgegeben werden, weist *Williston*[42] hin. Da dieser Umstand bei den amerikanischen Emissionen stets zu beachten sein wird, werden die verschiedenen Typen im folgenden noch einmal einzeln in der Sicht der amerikanischen Rechtsprechung und Literatur dargestellt.

2. Beurteilung der drei bekannten Travelers-Cheque-Typen im einzelnen

Da andere als die von *Williston* unterschiedenen drei Arten von Travelers Cheques nicht bekannt sind, kann sich die Darstellung hierauf beschränken. Es handelt sich um den von der American Express Company verwandten Typ, den Typ der American Bankers Association und schließlich um den Zahlungsversprechens-Typ, der von verschiedenen amerikanischen Banken ausgegeben wird[43].

Der in den USA wohl bekannteste und am meisten verbreitete Amexco-Travelers Cheque wird in der Literatur als cashiers cheque im oben dargelegten Sinne qualifiziert[44]. Obwohl er verschiedentlich Gegenstand gerichtlicher Entscheidungen gewesen ist, wird er hier rechtlich nicht eindeutig gekennzeichnet[45]. Auf ihn bezieht sich aber die bereits genannte Entscheidung, die im Travelers Cheque eine Art von Geld (currency) sieht.

Der von der American Bankers Association ausgegebene Travelers Cheque[46] stellt nach *Williston*[47] eine Tratte (draft) dar, die von der verkaufenden Bank auf die Bankers Trust Company gezogen werde; es handelt sich dabei nicht um einen cashier's cheque, sondern um einen bestätigten oder angenommenen Scheck. In Literatur und Rechtsprechung wird dieser Typ sonst nicht behandelt.

---

[41] American Express Company v. Anadarko Bank & Trust Comp. of Anadarko 67 P. 2d. 55 (1937); vgl. auch Corpus Juris Secundum Bd. 9, a. a. O., „Banks and Banking" § 645, S. 1186. — Anders dagegen heißt es bei *Britton*, Handbook of the law of bills and notes, a. a. O., S. 350 N. 10: „Nor is a traveller's check money any more than is any other negotiable instrument."

[42] *Williston*, Negotiable Instruments, a. a. O., S. 289.

[43] Vgl. *Williston*, Negotiable Instruments, a. a. O., S. 289 ff.; *Munn*, Encyclopedia of Banking and Finance, a. a. O., S. 640.

[44] *Williston*, Negotiable Instruments, a. a. O., S. 291; N. N., Negotiability of Travelers Checks, in: Yale L. J. Bd. 47, S. 474 N. 21; vgl. auch *Leysen*, Le chèque touristique américain, in: Rev. Banque 1951, S. 256.

[45] In der letzten bekannten Entscheidung zum T. C. der Amexco, Emerson v. American Express Company 90 A. 2d. 236 (1952), werden zwar die verschiedenen Meinungen zur Rechtsnatur des T. C. wiedergegeben, welche Ansicht für den Amexco-T. C. zutrifft, wird jedoch nicht gesagt.

[46] Vgl. oben S. 32.

[47] *Williston*, Negotiable Instruments, a. a. O., S. 289.

Der dritte von *Williston* genannte Travelers Cheque-Typ, der von verschiedenen amerikanischen Banken ausgegeben wird, enthält im Gegensatz zu den beiden anderen Typen ein *Zahlungsversprechen*[48]. *Williston* meint[49], dieser Typ könne entweder als cashier's cheque angesehen werden oder als eine Kombination des Reisekreditbriefes mit einer Tratte, die auf Grund des Kreditbriefes gezogen werde. Bei dieser Betrachtungsweise gebe die Emissionsbank einen Reisekreditbrief mit dem Versprechen aus, die gegen den Kreditbrief — durch die Gegenzeichnung — gezogene Tratte zu honorieren. Hierbei sei der Erwerber der Aussteller, während die Emissionsbank verspreche, die Tratte zu akzeptieren, so daß sie als Akzeptant hafte. Die Rechtsprechung hat sich hier auf den ersten Standpunkt gestellt und solche Travelers Cheques als cashier's cheques beurteilt[50].

(C) Einzelne Rechtsfragen des amerikanischen Reisescheckverkehrs

I. Das Rechtsverhältnis zwischen dem Emissionsinstitut und dem Erwerber

1. Die rechtliche Natur des zustande kommenden Vertrages

Der zwischen dem Erwerber und dem Emissionsinstitut bzw. dessen Korrespondenten zustande kommende Vertrag wird in den USA allgemein als *Kaufvertrag* bezeichnet[51]. Diese Auffassung ist in den USA auch eher begründet als in Deutschland, weil der Travelers Cheque im Gegensatz zum DM-Reisescheck eine Forderung gegen das Emissionsinstitut verbrieft.

Dennoch erschöpft sich nach amerikanischer Ansicht das zwischen dem Erwerber und dem Emissionsinstitut zustande kommende Rechtsverhältnis nicht in einer Verkäufer-Käufer-Beziehung. Allerdings wird die rechtliche Natur des Rechtsverhältnisses, das die Parteien verbindet, nicht sehr eindeutig und auch nicht einheitlich bestimmt. So entspricht nach einer Auffassung die Beziehung zwischen dem Inhaber des Travelers Cheque und dem Emissionsinstitut der Beziehung zwischen einer Bank und dem Inhaber eines Guthabens[52], teilweise mit der

---

[48] Vgl. oben S. 33.

[49] *Williston*, Negotiable Instruments, a. a. O., S. 290.

[50] Peoples Savings Bank of Grand Haven v. American Surety Comp. of N. Y. 15 F. Supp. 911, 913 (1936); Mellon National Bank v. Citizens Bank & Trust Co. of Camden 88 F. 2d. 128 (1937).

[51] Vgl. *Sereni*, L'assegno turistico americano, in: Banca, borsa, titoli 1950 I, S. 48 ff.

[52] *Brady*, The Law of Bank Checks, Cambridge Mass. 1933, S. 254 § 163; *Sullivan* v. *Knauth* 115 N. E. 460 (1917).

Einschränkung, daß diese Beziehung nicht so nah und so beständig sei wie im Regelfall[53]. Dagegen wird von anderen betont, das Emissionsinstitut erhalte den vom Erwerber eingezahlten Betrag nicht „as a deposit or for safekeeping“, sondern im Rahmen eines — nicht näher gekennzeichneten — Vertrages, in dem sich das Emissionsinstitut verpflichte, innerhalb eines Jahres vom Tage der Gegenzeichnung an den benannten Inhaber des Travelers Cheque Zahlung zu leisten[54]. In offenbar ähnlichem Sinne wird auch festgestellt, daß das Emissionsinstitut den eingezahlten Betrag nicht als „Treuhänder“ erhalte und daher zwischen den Parteien keine treuhänderische Beziehung bestehe[55].

Eingehender wird das zwischen dem Emissionsinstitut und dem Erwerber zustande kommende Rechtsverhältns von *Sereni* erörtert[56]. Er bezeichnet den Vertrag, auf den sich die Ausgabe der Traveler-Cheques gründet, als *Emissionsvertrag*. Der Inhalt dieses Vertrages bestimme sich nach den Klauseln des Auftragsformulars, das der Erwerber vor der Ausgabe der Travelers Cheques zu unterschreiben habe[57], und nach dem Wortlaut des Travelers Cheques. Der Vertrag sei außerdem auf Grund der Werbeschriften des Emissionsinstitutes auszulegen, die die Eigenschaften des Travelers Cheques erläutern[58]. Diese Erklärungen hätten — in gewissen Grenzen — den Wert von sog. „representations“, d. h. von Erklärungen, die die betreffende Gesellschaft binden, soweit sie den anderen vertragschließenden Teil veranlaßt haben, die Travelers Cheques zu erwerben.

2. *Die Rechte und Pflichten der Parteien*

Geht man von der von *Sereni* vertretenen Auffassung aus, so kann der Inhalt des zustande kommenden Vertrages bei den verschiedenen Emissionsinstituten je nach dem Wortlaut der Travelers Cheques und der Klauseln des vom Erwerber zu unterschreibenden Auftragsformulars unterschiedlich sein. Stets besteht aber die Verpflichtung des Emissionsinstitutes darin, gegen den Travelers Cheque — möglicherweise innerhalb einer bestimmten Frist — Zahlung zu leisten. Dabei ist anerkannt, daß das Emissionsinstitut nicht zur Zahlung gezwungen werden

---

[53] Harvard L. R. Bd. 27, S. 678.

[54] Ogden, The Law of Negotiable Instruments, a. a. O., S. 481.

[55] *Paulink* v. American Express Company 163 N. E. 740; 62 A. L. R. 506 (1928); *Emerson* v. American Express Company 90 A. 2d. 236 (1952).

[56] *Sereni,* L'assegno turistico americano, in: Banca, borsa, titoli 1950 I, S. 48 ff.

[57] *Sereni* bezieht sich auf die „purchaser's application form“ der American Express Company, vgl. a. a. O., S. 49 N. 8.

[58] Hier wird auf die Werbeschrift der American Express Comp. „Travelers Cheque Reference Guide“ verwiesen.

kann, wenn der Travelers Cheque nicht die Gegenzeichnung enthält[59]. *Sereni* weist besonders darauf hin, daß das Emissionsinstitut nach den „representations" nicht verpflichtet sei, bei der Einlösung der Travelers Cheques den Vorleger zu identifizieren, sondern daß lediglich festgestellt zu werden brauche, ob die beiden auf dem Formular befindlichen Unterschriften übereinstimmen.

Die Verpflichtungen des Erwerbers ergeben sich aus den Bestimmungen des Auftragsformulars. Im einzelnen kann insoweit auf die oben[60] wiedergegebene „purchaser's application form" der American Express Company verwiesen werden, die hier als Beispiel dienen mag.

3. Der Anspruch des Erwerbers gegen das Emissionsinstitut im Falle des Verlustes im besonderen

Von besonderem Interesse ist die Frage, ob der Erwerber einen Anspruch gegen das Emissionsinstitut auf Zahlung der Schecksumme hat, wenn ihm die Urkunde abhanden gekommen ist.

a) Verlust vor Gegenzeichnung

Diese Frage wurde in der Rechtsprechung in einem Fall bejaht, in dem der Inhaber lediglich mit der *ersten* Unterschrift versehene Traveler Cheques verloren hatte[61]. Sie wurden später bei der bezogenen Bank unter Fälschung der Gegenzeichnung zur Zahlung vorgelegt und eingelöst. Der Anspruch des berechtigten Erwerbers wurde hier für begründet erachtet, weil das Emissionsinstitut sich nach dem zwischen den Parteien abgeschlossenen Vertrage verpflichtet habe, — sofern die zweite Unterschrift vorhanden — an den benannten Inhaber zu zahlen, diesen Vertrag jedoch nicht erfüllt habe. Die Zahlung sei von der bezogenen Bank nicht gegen die Unterschrift geleistet worden, die mit der ersten übereinstimme, sondern gegen eine gefälschte Unterschrift. Das Gericht wies den von der bezogenen Bank erhobenen Einwand zurück, daß sie nach dem Vertrage nur dann Ersatz für verlorene Travelers Cheques zu leisten habe, wenn der Erwerber eine Erklärung unterschreibe, durch die die Bank von jedem Schaden freigehalten wird (bond of indemnity)[62]. Es vertrat die Auffassung, es handele sich hier nicht

---

[59] *Samberg* v. American Express Company 136 Mich. 639; 99 N. W. 879 (1904); *Venable* v. American Express Comp. 8 S. E. 2d. 804 (1940); *Williams* v. *Clark* 112 N. Y. S. 2d. 26 (1952); First National City Bank of N. Y. v. Frederics-Helton Travel Service 209 N. Y. S. 2d. 704 (1961).

[60] Vgl. S. 35.

[61] *Sullivan* v. *Knauth* 115 N. E. 460 (1917).

[62] Auf dem Umschlag des betreffenden T. C.-Heftes befand sich folgende Erklärung der Bank: „We refund the amount of lost checks against execution of a suitable bond of indemnity. Particulars of such checks should, however, promptly reported."

um „verlorene“ Travelers Cheques, da diese sich in den Händen der Emissionsbank befänden.

Die Auffassung, daß der Travelers Cheque-Erwerber seinen Anspruch gegen die Emissionsbank im Falle des Verlustes nicht verliere, wird auch von *Williston*[63] vertreten. Dies gelte sowohl dann, wenn ein „indemnity bond“ ausgestellt worden sei, als auch dann, wenn dies nicht geschehen sei. Auch er meint, den Schaden einer nachfolgenden Fälschung der Gegenzeichnung müsse die Emissionsbank tragen, sofern es ihr nicht gelänge, sich bei dem Betrüger schadlos zu halten, eine Ansicht, die der deutschen Rechtsauffassung widerspricht[64].

In einem Falle ist allerdings auch der Travelers Cheque-Erwerber auf Grund des von ihm unterzeichneten indemnity bond für den Schaden als haftbar angesehen worden, der durch den Verlust und die nachfolgende Auszahlung des Scheckbetrages an einen Nichtberechtigten entstanden war[65].

b) Verlust nach Gegenzeichnung

Wenn der Erwerber den Travelers Cheque entgegen der getroffenen Vereinbarung vor der Einlösung zum zweiten Mal unterschrieben hatte, diese Urkunde abhanden kommt und anschließend von einem gutgläubigen Dritten eingelöst wird, ist dem ursprünglichen Erwerber ein Rückerstattungsanspruch aberkannt worden[66]. Nach contract law stehe ihm ein solcher Anspruch nicht zu, weil er den mit dem Emissionsinstitut abgeschlossenen Vertrag verletzt habe. Der Erwerber könne sich auch nicht darauf berufen, daß er das Emissionsinstitut sofort von dem Verlust in Kenntnis gesetzt habe. Denn eine Sperre der Travelers Cheques sei praktisch nicht durchführbar[67]. Ferner könne der Erwerber einen Anspruch auch nicht unter dem Gesichtspunkt des Negotiable Instruments Law gegen die Emissionsbank geltend machen, da diese verpflichtet sei, die Travelers Cheques zu honorieren, wenn sie von einem gutgläubigen Erwerber vorgelegt werden.

---

[63] *Williston*, Negotiable Instruments, a. a. O., S. 293.

[64] Vgl. oben S. 94.

[65] Fidelity & Casualty Co. v. *Harrison* 274 S. W. 1002 (1925). Zu bemerken ist in diesem Zusammenhang, daß ein indemnity bond nur für die Dauer der Laufzeit des T. C. verlangt werden kann, wenn eine solche bestimmt ist, vgl. American Express Comp. v. *Grillis* 103 So. 196 (1925).

[66] *Emerson* v. American Express Comp. 90 A. 2d. 236 (1952); ebenso *Sereni*, L'assegno turistico americano, in: Banca, borsa, titoli 1950 I, S. 56.

[67] *Emerson* v. American Express Comp. 90 A. 2d. 236 (1952); ebenso: Mellon National Bank v. Citizens Bank & Trust Comp. 88 F. 2d. 128 (1937); *Sereni*, L'assegno turistico americano, in: Banca, borsa, titoli 1950 I, S. 54; *Paton*, A digest of legal opinions Bd. 1, a. a. O., Nr. 4558.

Kommt es zum Streit darüber, ob die Travelers Cheques im Augenblick des Verlustes gegengezeichnet waren oder nicht, so trägt der Erwerber die Beweislast[68].

II. Die Rechtsstellung der Ausgabestelle

Die Rechtsbeziehungen zwischen dem Emissionsinstitut und der Korrespondenzbank, die die Travelers Cheques für das Emissionsinstitut in den Verkehr bringt, werden in den USA durch besondere Verträge geregelt. Diese sehen vor, daß die Korrespondenzbank (Verkaufsbank) dem Emissionsinstitut gegenüber für die sichere Verwahrung verantwortlich ist. Sie sind in der Rechtsprechung teils als „contract of indemnity"[69], teils auch als Garantie-Erklärung (trust receipt) der Verkaufsbank charakterisiert worden[70].

Auf Grund eines solchen Vertrages wird zwischen dem Emissionsinstitut und der Verkaufsbank eine Hinterleger-Verwahrer-Beziehung begründet[71], was im übrigen auch dann anzunehmen sein wird, wenn eine ausdrückliche Vereinbarung nicht getroffen wird[72]. Die Travelers Cheques werden von der Verkaufsbank im „special deposit" verwahrt und bleiben Eigentum des Emissionsinstituts[73].

Nach der Rechtsprechung haftet die Verkaufsbank für den Schaden, der entsteht, wenn bei ihr Travelers Cheques gestohlen werden, von dem Dieb oder auch von einem unehrlichen Angestellten der Bank selbst unter Ausfüllung der Formulare in den Verkehr gebracht und später vom Emissionsinstitut eingelöst werden[74]. In einer Entscheidung wird allerdings festgestellt, die Verkaufsbank hafte nicht als Versicherer, sondern sei lediglich mit der normalen Sorgfaltspflicht für die in ihr Depot aufgenommenen Travelers Cheques belastet[75].

Zwischen dem Erwerber und der Verkaufsbank wird bei der Ausgabe der Travelers Cheques kein Rechtsverhältnis begründet, da die

---

[68] *Doonan* v. *Rossi* 191 P. 865 (1920).

[69] Mellon National Bank v. Citizens Bank & Trust Comp. a. a. O.

[70] Transcontinental & Western Air Inc. v. Bank of America 116 P. 2d. 791 (1941); First National City Bank of N. Y. v. Frederics Helton Travel Service 209 N. Y. S. 2d. 704 (1961).

[71] Mellon National Bank v. Citizens Bank & Trust Comp., a. a. O.

[72] *Paton,* A digest of legal opinions Bd. 1, a. a. O., Nr. 3149.

[73] American Express Comp. v. Commercial Savings Bank & Trust Co. 4 N. E. 2d. 216 (1935); Squire v. American Express Comp. 2 N. E. 2d. 766 (1936); Mellon National Bank v. Citizens Bank & Trust Co., a. a. O.

[74] Mellon National Bank v. Citizens Bank & Trust Comp. a. a. O.; Transcontinental & Western Air Inc. v. Bank of America 116 P. 2 d. 791 (1941).

[75] First National City Bank of N. Y. v. Frederics-Helton Travel Service 209 N. Y. S. 2 d. 704 (1961).

Verkaufsbank jenem gegenüber als Bevollmächtigte (agent) des Emissionsinstitutes auftritt[76]. Hieraus folgt auch, daß der Erwerber gegenüber der Verkaufsbank keinen Anspruch auf Zahlung des Scheckbetrages hat, wenn das Emissionsinstitut die Zahlungen einstellt und dort die Travelers Cheques nicht mehr eingelöst werden können[77]. Andererseits bleibt das Emissionsinstitut zur Zahlung verpflichtet, wenn die Verkaufsbank die Zahlungen einstellt, bevor sie den vom Erwerber eingezahlten Betrag an das Emissionsinstitut überwiesen hat[78].

III. Die Rechtsstellung des gutgläubigen Dritterwerbers

Die Übertragung des Travelers Cheque kann nach amerikanischer Auffassung sowohl durch Vollindossament als auch durch Blankoindossament vorgenommen werden, indem der erste Erwerber die erforderliche zweite Unterschrift leistet, ohne den Namen des nachfolgenden Berechtigten in die Orderspalte einzutragen[79]. In dieser Weise wird auch in großem Umfange verfahren[80], obwohl die Banken die Übertragung durch Blankoindossament nicht empfehlen, da hierdurch die Gefahr einer mißbräuchlichen Verwertung durch einen Dieb oder unredlichen Finder erhöht wird[81].

Die Frage des gutgläubigen Erwerbs gewinnt dadurch besondere Bedeutung. Sie ist auch verschiedentlich Gegenstand der Rechtsprechung in den USA gewesen. Zwei Tatbestände sind zu unterscheiden: es kann sich um Travelers Cheques handeln, die vor der Ausgabe bei einer Korrespondenzbank des Emissionsinstitutes gestohlen und anschließend in den Verkehr gebracht wurden (1), oder die Travelers Cheques sind dem berechtigten Erwerber abhanden gekommen und von einem Nichtberechtigten auf einen gutgläubigen Dritten übertragen worden (2).

---

[76] American Express Comp. v. Commercial Savings Bank 4 N. E. 2d. 216 (1935); *Squire* v. American Express Comp. 2. N. E. 2d., 766 (1936); Transcontinental & Western Air Inc. v. Bank of America 116 P. 2d. 791 (1941); *Paton,* A digest of legal opinions Bd. 1, a. a. O., Nr. 1367; *Sereni,* L'assegno turistico americano, in: Banca, borsa, titoli 1950 I, S. 48; *Ogden,* The Law of Negotiable Instruments, a. a. O., S. 481.

[77] *Paton,* A digest of legal opinions Bd. 1, a. a. O., Nr. 1367.

[78] Paton, A digest of legal opinions Bd. 1, a. a. O., Nr. 86.

[79] N. N., Negotiability of Travelers Checks, in: Yale L. J. Bd. 47, S. 473 N. 19; *Sereni,* L'assegno turistico americano, in: Banca, borsa, titoli 1950 I, S. 51 N. 12; *Broglio,* La cambiale e lo chèque nel diritto anglo-americano, a. a. O., Nr. 467.

[80] Vgl. oben S. 27.

[81] *Broglio,* La cambiale e lo chèque nel diritto anglo-americano, a. a. O., Nr. 467.

1. Gutgläubiger Erwerb eines vor Ausgabe bei der Bank gestohlenen Travelers Cheque

Hinsichtlich des gutgläubigen Erwerbs von Travelers Cheques, die der Verkaufsbank gestohlen wurden, stehen sich in den USA zwei Meinungen gegenüber.

Nach der einen Auffassung, die insbesondere von zwei Gerichten in Texas vertreten worden ist und von Sereni als die überwiegende bezeichnet wird[82], erhält der gutgläubige Erwerber noch nicht ausgegebener Travelers Cheques keinen Anspruch auf Zahlung gegen das Emissionsinstitut *(Regel von Texas)*. Sie stützt sich auf die Vorschrift des § 15 NIL[83]. Danach kann ein unvollständiges und noch nicht begebenes Wertpapier, wenn es von einem Nichtberechtigten ausgefüllt und übertragen wird, nicht gutgläubig erworben werden. Die Vertreter dieser Regel stehen auf dem Standpunkt, daß der Travelers Cheque vor der Gegenzeichnung unvollständig sei[84]. Außerdem handele es sich in den Fällen der hier fraglichen Art um im Sinne des Gesetzes noch nicht ausgegebene Wertpapiere. Denn die Übersendung der Travelers Cheques vom Emissionsinstitut an die Korrespondenzbank stelle keine Ausgabe dar, weil die Korrespondenzbank als Vertreterin des Emissionsinstitutes anzusehen und deshalb ihr Besitz an den Formularen lediglich als Besitz des Emissionsinstitutes zu beurteilen sei[85].

Entgegen dieser Ansicht hat ein Gericht in Oklahoma dem gutgläubigen Erwerber eines vor der Ausgabe bei der Bank gestohlenen Travelers Cheque einen Anspruch gegen die bezogene Bank zuerkannt *(Regel von Oklahoma)*[86]. § 15 NIL ist nach dieser Meinung nicht anwendbar, weil die Travelers Cheques im Augenblick des Diebstahls bei der Bank mit der Unterschrift des Bevollmächtigten der bezogenen Bank

---

[82] *Sereni,* L'assegno turistico americano, in: Banca, borsa, titoli 1950 I, S. 58

[83] § 15 NIL lautet (Übersetzung nach *Schettler-Büeler,* Das Wechsel- und Scheckrecht aller Länder, a. a. O.): „Eine nicht im Wege der Aushändigung begebene unvollständige Urkunde, die ohne Ermächtigung ausgefüllt und weitergegeben worden ist, begründet in der Hand irgendeines Inhabers keinen wirksamen Anspruch gegenüber Personen, deren Unterschriften vor Übergabe darauf angebracht worden sind."

[84] Vgl. oben S. 113.

[85] Der Regel von Texas folgt die Entscheidung First National City Bank of N. Y. v. Frederics-Helton Travel Service 209 N. Y. S. 2d. 704 (1961). ebenso: *Brannan,* Negotiable Instruments Law, a. a. O., S. 358 § 15; *Brady,* The Law of Bank Checks, a. a. O., S. 63 § 163 und S. 100 § 196 A; *Paton,* A digest of legal opinions Bd. 1, a. a. O., Nr. 3148.

[86] American Express Company v. Anadarko Bank & Trust Comp. of Anadarko 67 P. 2 d. 55 (1937); ebenso: Peoples Savings Bank of Grand Haven v. American Surety Comp. of N. Y. 15 F. Supp. 911, 913 (1936); Transcontinental & Western Air v. Bank of America 116 P. 2 d. 791 (1941); vgl. auch J. *Lane* in der Anmerkung zu American Express Comp. v. City National Bank of Galveston 7. S. W. 2d. 886 (1928).

versehen und deshalb vollständige Wertpapiere gewesen seien. Hier wird vor allem auf die Eigenschaft des Travelers Cheque als Orderpapier abgestellt und hervorgehoben, das Emissionsinstitut habe dieses Papier, um ihm einen geldähnlichen Umlauf zu ermöglichen, so ausgestaltet, daß derjenige, der einen mit beiden Unterschriften versehenen Travelers Cheque als Zahlung annehme, sich der rechtlichen Makellosigkeit des Papiers sicher sein könne.

In der Literatur ist diesem Standpunkt mit dem Hinweis auf die im Travelers Cheque-Verkehr entwickelte Übung, mit zwei übereinstimmenden Unterschriften versehene Formulare stets einzulösen, zugestimmt worden[87]. Das Ergebnis der Regel von Oklahoma sei auch wünschenswert. Denn, da der Verlust eine von zwei unschuldigen Parteien treffen müsse, sei es billiger, das Emissionsinstitut hiermit zu belasten und den gutgläubigen Dritterwerber zu schützen. Das Emissionsinstitut könne sich weitgehend selbst sichern, was dem gutgläubigen Erwerber nicht möglich sei. Im übrigen komme diese Regel letztlich auch dem Emissionsinstitut zugute; denn sie fördere die Verbreitung des Travelers Cheque[88].

2. Gutgläubiger Erwerb eines nach der Ausgabe dem Erwerber gestohlenen Travelers Cheque

Wenn der Travelers Cheque dem Erwerber abhanden gekommen ist, bestehen zwei Möglichkeiten: Im Regelfall wird er lediglich mit der ersten Unterschrift versehen sein, der Erwerber kann aber auch entgegen der Vereinbarung mit der Emissionsbank im Zeitpunkt des Verlustes bereits die zweite Unterschrift auf der Urkunde angebracht haben.

Im ersten Fall muß nach der Regel von Oklahoma die Möglichkeit des gutgläubigen Erwerbs bejaht werden. Jedoch wird auch die gegenteilige Ansicht vertreten. Sie wird teilweise aus den besonderen Bedingungen des Travelers Cheque begründet, die dahin ausgelegt werden, daß das Emissionsinstitut aus diesem Papier nur dann zur Zahlung verpflichtet sei, wenn die zweite Unterschrift auch der Herkunft nach mit der ersten übereinstimme, was bei einer Fälschung nicht der Fall sei[89]. Teilweise wird diese Meinung auch aus den Grundsätzen des allgemeinen Wertpapierrechts hergeleitet. Der Dritterwerber wird hiernach deshalb nicht berechtigt, weil die Gegenzeichnung wie ein nor-

---

[87] N. N., Negotiability of Travelers Checks, in: Yale L. J. Bd. 47, S. 475.

[88] Besonders treffend ist dieser Standpunkt in der Entscheidung Peoples Savings Bank of Grand Haven v. American Surety Comp. of N. Y. 15 F. Supp. 911, 913 (1936) dargestellt worden.

[89] *Sullivan* v. *Knauth* 115 N. E. 460 (1917); *Williston,* Negotiable Instruments, a. a. O., S. 289 u. 292.

males Indossament auf einem gewöhnlichen Scheck zu betrachten sei, das kein Recht verleihe, wenn es gefälscht sei[90].

Anders ist es jedoch, wenn der Travelers Cheque im Zeitpunkt des Verlustes bereits zum zweiten Mal unterschrieben war. In diesem Fall steht dem gutgläubigen Dritterwerber nach allgemeiner Ansicht das Recht aus dem Travelers Cheque gegen die bezogene Bank zu, weil hier eine Übertragung des Travelers Cheque durch Blankoindossament auf den Inhaber vorliege[91].

B. Der Reisescheck in der Literatur und Rechtsprechung Italiens

(A) Die Rechtsnatur des Reiseschecks

I. Die Übertragbarkeit des Reiseschecks allgemein

In Italien sind mit dem Reisescheck zusammenhängende Rechtsfragen vor allem in der Zeit vor dem Inkrafttreten des italienischen Scheckgesetzes vom 21. 12. 1933 Gegenstand gerichtlicher Entscheidungen und von Erörterungen in der Literatur gewesen. Lebhaft wurde die Frage diskutiert, ob der Reisescheck, der damals in Italien besonders in den Formen des Amexco-Travelers Cheque und des Reiseschecks der Banca Commerciale Italiana bekannt war, ein übertragbares Wertpapier sei. Einige Autoren und Gerichte vertraten den Standpunkt, daß der Reisescheck nicht übertragbar sei, weil die Übertragung sich nicht mit dem Prinzip der doppelten Unterschriftsleistung vereinbaren lasse. Man ging davon aus, daß die zweite Unterschrift des Erwerbers stets im Zeitpunkt der Präsentation zur Zahlung bei der Bank geleistet werden müsse[1], so daß eine Übertragung auf einen Dritterwerber ausgeschlossen wäre. Ein anderer Teil der Literatur hat diese Ansicht heftig bestritten, unterstützt von einzelnen Entscheidungen der Rechtsprechung[2]. Eine nähere Darstellung dieses Meinungsstreits erübrigt sich jedoch, da er inzwischen durch das italienische Scheckgesetz gegenstandslos geworden ist.

---

[90] *Paton,* A digest of legal opinions Bd. 1, a. a. O., Nr. 1366, 2351, 2354—56, u. 3148; vgl. auch *Leysen,* Le chèque touristique américain, in: Rev. Banque 1951, S. 258.

[91] *Emerson* v. American Express Comp. 90 A. 2d. 236 (1952); *Paton,* A digest of legal opinions Bd. 1, a. a. O., Nr. 1366 u. 4558; *Broglio,* La cambiale e lo chèque nel diritto anglo-americano, a. a. O., Nr. 467.

[1] *De Semo,* Il codice di commercio commentato, a. a. O., S. 705.

[2] Eine Zusammenstellung der wesentlichen Literatur zu dieser Frage findet sich bei *De Semo,* Il codice di commercio commentato, a. a. O., S. 705 N. 1.

Italien hat — offenbar infolge jenes Streites in der Literatur[3] — im Art. 44 eine Bestimmung über den Reisescheck in sein Scheckgesetz aufgenommen. Es ist damit das einzige Land, in dem der Reisescheck auch gesetzlich berücksichtigt worden ist[4]. Durch Art. 44 ScheckG ist die Frage der Übertragbarkeit nach unbestrittener Ansicht in Literatur und Rechtsprechung im positiven Sinne beantwortet worden[5]. Denn diese Vorschrift verlangt lediglich, daß die zweite Unterschrift im Zeitpunkt der Präsentation vorliegt, nicht auch, daß sie in diesem Augenblick geleistet wird[6]. Das durch die doppelte Unterschrift gekennzeichnete Reisescheckverfahren hindert deshalb auch nach italienischer Auffassung nicht die Übertragbarkeit des Papiers. Allerdings kann von den Emissionsinstituten als zusätzliche Sicherung die Übertragbarkeit des Reiseschecks ausgeschlossen werden[7].

II. Die Rechtsnatur der italienischen Reiseschecks

Über die Rechtsnatur des von italienischen Banken emittierten Reiseschecks[8] besteht in der Literatur kein Streit. Das Gesetz läßt ihn in verschiedenen Formen zu.

Der in Art. 44 ital. ScheckG geregelte Reisescheck wird als *gewöhnlicher Bankscheck* (assegno bancario) angesehen, der durch die Klausel der doppelten Unterschriftsleistung lediglich modifiziert und besonders gekennzeichnet ist[9]. Ihm liegt — anders als dem einheitlichen DM-Reise-

---

[3] Vgl. *Mossa,* Lo check e l'assegno circolare ..., a. a. O., S. 500.

[4] Art. 44 ital. ScheckG lautet (Übersetzung nach *Schettler-Büeler):* „Der Aussteller des Schecks kann dessen Zahlung vom Vorliegen einer zweiten mit der des Empfängers auf dem Papier zum Zeitpunkt der Vorlegung übereinstimmenden Unterschrift abhängig machen (Reisescheck)."

[5] Cass. 10. 8. 1953 Banca, borsa, titoli 1954 II, 331 (= Foro ital. 1954 I, 1297, Kurzauszug in deutscher Sprache: *v. Bargen,* Internationale Rechtsprechung zum Genfer einheitlichen Wechsel- und Scheckrecht, Berlin-Tübingen 1954, S. 375); *De Semo,* Il codice di commercio commentato, a. a. O., S. 705; *Greco,* Corso di diritto bancario, Padua 1936, S. 148; *Folco,* Il sistema del diritto della banca, Mailand 1959, S. 285 Nr. 286; *Ferri,* Manuale di diritto commerciale, Turin 1961, S. 435; *Mossa,* Lo check e l'assegno circolare ..., a. a. O., S. 504; *Colagrosso-Molle,* Diritto bancario, Rom 1960, S. 191 N. 7.

[6] *De Semo,* Il codice di commercio commentato, a. a. O., S. 705; *Buttaro,* Assegno bancario, assegno circolare e assegni speciali, in: Novissimo Dig. ital. Bd. I, Teil 2, S. 1085.

[7] *De Semo,* Il codice di commercio commentato, a. a. O., S. 705.

[8] Die italienische Bezeichnung ist unterschiedlich. In Art. 44 ital. Scheckgesetz wird er „assegno turistico" genannt. Diese Bezeichnung ist auch in der Literatur vorherrschend. Daneben kommen aber auch vor: „assegno per viaggiatore" oder „assegno di viaggio".

[9] *De Semo,* Il codice di commercio commentato, a. a. O., S. 704. *Colagrosso-Molle,* Diritto bancario, a. a. O., S. 190; *Micheli* u. *Marchi,* Assegno turistico, in: Enciclopedia del diritto Bd. III, Mailand 1958; S. 368; *Buttaro,* Assegno ban-

scheck — eine Anweisung der emittierenden Bank an ihre Korrespondenten und eigenen Filialen zugrunde[10]. Aussteller des italienischen Reiseschecks ist also nicht der erwerbende Bankkunde, sondern die Emissionsbank selbst[11]. In dieser Form ist der italienische Reisescheck sowohl als Orderpapier[12] als auch als Rektapapier möglich. Darüber hinaus hält man ihn auch als Inhaberpapier für denkbar.

Die italienischen Kreditinstitute können ihre Reiseschecks ferner in der Form des in Art. 82 ital. ScheckG ff. geregelten Zirkularschecks ausgeben (assegno circolare), da Art. 86 Abs. 1 ital. ScheckG die Vorschrift über den Reisescheck (Art. 44) auf den Zirkularscheck entsprechende Anwendung finden läßt. Der Reisescheck wird auch in dieser Form lediglich als eine Modifikation aufgefaßt, die das rechtliche Wesen des Zirkularschecks nicht verändert[13].

Schließlich ist auf den besonderen Reisechecktyp des ufficio italiano cambi (früher istituto nazionale dei cambi) hinzuweisen, der durch ein besonderes Gesetz geregelt ist[14]. Dieser Reisescheck ist nicht übertragbar und wird von dazu ermächtigten Banken und Reiseverkehrsorganisationen auf das ufficio italiano cambi gezogen. Rechtliche Besonderheiten werden hier nicht hervorgehoben. Dieser Reisescheck wurde seinerzeit zum Gebrauch für Ausländer, die nach Italien reisen wollten, — offenbar aus Gründen der Devisenkontrolle — eingeführt[15], ist aber heute kaum noch im Verkehr, da die Währungsgesetzgebung inzwischen geändert wurde[16].

III. Die Rechtsnatur des Travelers Cheque

Die Beurteilung der rechtlichen Natur des Travelers Cheque, der vor dem Inkrafttreten des italienischen Scheckgesetzes vom 21. 12. 1933 Gegenstand der rechtlichen Erörterungen in Literatur und Rechtsprechung

---

cario, assegno circolare e assegni speciali, in: Novissimo Dig. ital. Bd. I, Teil 2, a. a. O., S. 1085.

[10] *De Semo,* Il codice di commercio commentato, a. a. O., S. 704; *Colagrosso-Molle,* Diritto-bancario, a. a. O.; S. 190; *Buttaro,* Assegno bancario ..., in: Novissimo Dig. ital. Bd. I, Teil 2, a. a. O., S. 1085.

[11] Nach *Micheli* und *Marchi,* Assegno turistico, in: Enciclopedia del diritto Bd. III, a. a. O., S. 368, ist dieser in der Praxis allgemein üblich.

[12] *Micheli* und *Marchi,* Assegno turistico, in: Enciclopedia del diritto Bd. III, a. a. O., S. 368.

[13] *Colagrosso-Molle,* Diritto bancario, a. a. O., S. 190; *Greco,* Corso di diritto bancario, a. a. O., S. 147.

[14] R. D. L. vom 20. 3. 1936 Nr. 410.

[15] *Salandra,* Manuale di diritto commerciale 2. Bd, Bologna 1950, S. 395; *Mossa,* Lo check e l'assegno circolare ..., a. a. O., S. 508.

[16] Vgl. *Micheli* u. *Marchi,* Assegno turistico, in: Enciclopedia del diritto Bd. III, a. a. O., S. 368.

war, nach *italienischem* Recht wird im Schrifttum verschiedentlich abgelehnt, da die ausländischen Reiseschecks dem Recht des jeweiligen Emissionslandes zu unterwerfen seien (Emissionstheorie)[17]. Dennoch finden sich in der italienischen Literatur Stellungnahmen zur Rechtsnatur des Travelers Cheque, und zwar teilweise ohne daß auf die international-privatrechtliche Vorfrage eingegangen wird, teilweise unter Beschränkung auf den Travelers Cheque der Banca Commerciale Italiana, soweit man davon ausgeht, daß dieser in Italien emittiert wird[18], teilweise auch nur im hypothetischen Sinne, um festzustellen, mit welcher italienischen Wertpapierform der Travelers Cheque die größte Ähnlichkeit aufweist[19]. Hinsichtlich der Rechtsnatur des Travelers Cheque werden unterschiedliche Auffassungen vertreten.

Einige fassen ihn als *Wertpapier eigener Art* auf, da weder die Voraussetzungen des Schecks, noch des Zirkularschecks, noch des Wechsels gegeben seien[20]. Eine Gleichstellung mit dem gewöhnlichen Scheck wird hier abgelehnt, weil der Travelers Cheque keine handschriftliche Aussteller-Unterschrift trage[21], weil er auf eine Personenmehrheit gezogen sei und nicht an die kurzen scheckrechtlichen Fristen gebunden sein solle[22], und schließlich auch deswegen, weil gewisse scheckrechtliche Vorschriften, wie die über die Wechselbürgschaft, über Protest, Regreßnahme und Vorlegung auf den Reisescheck nicht anwendbar seien[23]. Um dem eigenständigen Travelers Cheque eine rechtliche Grundlage zu geben, wird eine analoge Anwendung der für den Zirkularscheck geltenden Grundsätze empfohlen[24].

Eine Gegenmeinung sieht auch im Travelers Cheque einen *gewöhnlichen Bankscheck,* der lediglich mit einer charakteristischen Technik

---

[17] *Ascarelli,* La girabilità del „traveller's check", in: R. D. C. 1929 II, S. 331 u. 335; *Federici,* In tema di assegno turistico, in: Dir. e prat. comm. 1930 II, S. 91; *Clementi,* Il „Traveller's Check", in: Dir. e prat. comm. 1927 I, S. 180; vgl. auch: Cass. 10. 8. 1953 in: Banca, borsa, titoli 1954 II, S. 337.

[18] *Ascarelli,* La girabilità del „traveller's check", in: R. D. C. 1929 II, S. 332.

[19] *Clementi,* Il „Traveller's Check", in: Dir. e prat. comm. 1927 I, S. 180.

[20] *Soprano,* L'assegno di viaggio, in: Foro ital. 1926 I, S. 1170; *Ascarelli,* In tema di assegno turistico, in: Dir. e prat. comm. 1926 II, S. 182. Im gleichen Sinne Cass. 19. 11. 1928 in: Foro ital. 1929 II, S. 135 (= R. D. C. 1929 II, S. 332).

[21] Gedruckte Unterschriften werden aber bei Massenpapieren für zulässig gehalten von: *Clementi,* Il „Traveller's Check", in: Dir. e prat. comm. 1927 I, S. 183, und *Soprano,* L'assegno di viaggio, in: Foro ital. 1926 I, S. 1166.

[22] *Soprano,* L'assegno di viaggio, in: Foro ital. 1926 I, S. 1170; *Clementi,* Il „Traveller's Check", in: Dir. e prat. comm. 1927 I, S. 182.

[23] *Soprano,* L'assegno di viaggio, in: Foro ital. 1926 I, S. 1170.

[24] *Ascarelli,* La girabilità del „traveller's check", in: R. D. C. 1929 II, S. 334 f.; *Clementi,* Il „Traveller's Check", in: Dir. e prat. comm. 1927 I, S. 183.

verbunden sei[25]. Abweichend hiervon wird ihm ferner auch die Natur einer „beliebigen Anweisung“ beigemessen, auf die die Vorschriften über den Bankscheck nur analog anzuwenden seien[26].

(B) Einzelne Rechtsfragen

I. Die rechtliche Bedeutung der beiden Unterschriften

Neben der Frage der Rechtsnatur des Reiseschecks findet in der italienischen Literatur auch die Frage nach der Bedeutung der beiden vom Erwerber zu leistenden Unterschriften besondere Beachtung. Sie verändern — wie bereits hervorgehoben wurde — nach jetzt wohl herrschender Auffassung nicht die rechtliche Natur des Reiseschecks als Scheck oder Zirkularscheck und stellen daher kein Erfordernis dar, dessen das Papier zu seiner Gültigkeit bedürfte[27]. Jedoch setzt die Übertragung des Reiseschecks auf einen Dritten und dessen Rechtserwerb die doppelte Unterschriftsleistung voraus. Es handelt sich deshalb nach italienischer Auffassung nicht um ein Erfordernis der Vollständigkeit, sondern der *Zirkulation* des Papiers[28]. Dabei wird angenommen, daß die erste Unterschrift lediglich der Identitätsfeststellung dient, während die zweite als Quittung im Falle der Einlösung und als Indossament im Falle der Übertragung anzusehen ist und außerdem die Funktion einer Kontrollunterschrift hat[29]. Hieraus folgt, daß die beiden Unterschriften

---

[25] Cass. 23. 6. 1930 Foro ital. 1930 I, S. 791 (Amexco-Scheck); *Bigiavi,* Falso in assegno bancario sostinuto di ricevuta, in: Foro ital. 1930 II, S. 362; *Dominedò,* Traveller's Check, in: Nuovo Dig. it. Bd. 12, Teil 2 a, a. a. O., S. 460 (T. C. der Banca Commerciale Italiana).

[26] Trib. di Roma 29. 3. 1930 Foro ital. 1930 II, S. 269 (T. C. der Banca Commerciale Italiana).

[27] *Mossa,* Lo check e l'assegno circolare ..., a. a. O., S. 505; *Clementi,* Il „Traveller's Check“, in: Dir. e prat. comm. 1927 I, S. 187; *Ascarelli,* In tema di moduli di assegno circolare, in: Banca, borsa, titoli 1949 I, S. 257 (entgegen früherer Auffassung in Dir. e prat. comm. 1926 II, S. 180); *Buttaro,* Assegno bancario ..., in: Novissimo Dig. ital. Bd. I, Teil 2, a. a. O., S. 1085; *Micheli* u. *Marchi,* Assegno turistico, in: Enciclopedia del diritto Bd. III, a. a. O., S. 368; a. A.: *Traverso,* Sulla girabilità del traveller's check, in: Foro ital. 1929 II, S. 134 u. 137, nach dem der Reisescheck erst mit der zweiten Unterschrift entsteht und daher vorher lediglich dokumentiert, daß die Emissionsbank den entsprechenden Gegenwert erhalten hat.

[28] *Mossa,* Lo check e l'assegno circolare ..., a. a. O., S. 506; *Clementi,* Il „Traveller's Check“, in: Dir. e prat. comm. 1927 I, S. 188; *Micheli* u. *Marchi,* Assegno turistico, in: Enciclopedia del diritto Bd. III, a. a. O., S. 368.

[29] Cass. 10. 8. 1953 Banca, borsa, titoli 1954 II, S. 337; *Greco,* Corso di diritto bancario, a. a. O., S. 147; *Colagrosso-Molle,* Diritto bancario, a. a. O., S. 191; *Ascarelli,* La girabilità del „traveller's check“, in: R. D. C. 1929 II, S. 338 (entgegen früherer Ansicht in Dir. e prat. comm. 1926 II, S. 180); *Ferri,* Manuale di diritto commerciale, a. a. O., S. 435. — Nach *Micheli* u. *Marchi,*

geleistet werden müssen, um wechselmäßige Verpflichtungen aus dem Papier entstehen zu lassen. Allerdings können die Beteiligten auch darauf verzichten, den Reisescheck als Orderpapier umlaufen zu lassen[30]. Die zweite Unterschrift ist nicht erforderlich, um von der Emissionsbank Zahlung verlangen zu können, da nach italienischer Auffassung auch der unausgefüllte Reisescheck eine Zahlungsverpflichtung der bezogenen Bank beinhaltet[31].

Die doppelte Unterschriftsleistung ist aber nicht nur Erfordernis der Zirkulation des Reiseschecks[32]. Sie dient vor allem auch dem Sicherheitszweck des Papiers. Diesem Gedanken wird in der Literatur Italiens dadurch Rechnung getragen, daß man die doppelte Unterschrift als ein „wesentliches Element" für die Feststellung des gutgläubigen Erwerbs des Reisescheckkäufers oder des Einlösenden bezeichnet[33].

II. Die Rechtsbeziehungen zwischen den Beteiligten

Für die zwischen den Beteiligten am Reisescheckverkehr entstehenden Rechtsbeziehungen gilt nach den in der italienischen Literatur vorhandenen Stellungnahmen folgendes:

Zwischen dem Emissionsinstitut und dem Reisescheckerwerber wird ein *Kaufvertrag* abgeschlossen[34]. Eine Verpflichtung der Agenturen oder Korrespondenten zur Einlösung zugunsten des Erwerbers wird durch diesen Vertrag ebensowenig begründet wie durch die im Reisescheck enthaltene Anweisung[35]. Die Verpflichtung zur Zahlung trifft vielmehr nur das Emissionsinstitut aus dem Papier[36].

Assegno turistico, in: Enciclopedia del diritto Bd. III, a. a. O., S. 368, ist es jedoch empfehlenswert und in der Praxis üblich, einen an Order lautenden Reisescheck dreimal unterschreiben zu lassen, nämlich doppelt auf der Vorderseite und einmal (als Quittung oder Indossament) auf der Rückseite.

[30] *Dominedò,* Traveller's Check, in: Nuovo Dig. ital. Bd. 12, Teil 2 a, a. a. O., S. 457.

[31] *Dominedò,* Traveller's Check, in: Nuovo Dig. ital. Bd. 12, Teil 2 a, a. a. O., S. 458; *Mossa,* Lo check e l'assegno circolare ..., a. a. O., S. 506; *Ascarelli,* In tema di moduli di assegno circolare, in: Banca, borsa, titoli 1949 I, S. 257; a. A. jedoch *Traverso,* Sulla girabilità del traveller's check, in: Foro ital. 1929 II, S. 137.

[32] Auch in der italienischen Literatur wird hervorgehoben, daß an eine Zirkulation des Reiseschecks nur in beschränktem Rahmen gedacht ist, vgl. *Ascarelli,* La girabilità del „traveller's check", in: R. D. C. 1929 II, S. 337 u. 341.

[33] *Micheli* u. *Marchi,* Assegno turistico, in: Enciclopedia del diritto Bd. III, a. a. O., S. 369.

[34] *Mossa,* Lo check e l'assegno circolare ..., a. a. O., S. 505; *Clementi,* Il „Traveller's Check", in: Dir. e prat. comm. 1927 I, S. 187.

[35] Corte d'Appello di Genova 19. 4. 1929 R. D. C. 1929 II, S. 384; zustimmend *Cobianchi* in der Anmerkung R. D. C. 1929 II, S. 385.

Bei der Verwertung des Reiseschecks ist zu unterscheiden, ob sie bei einer Niederlassung oder Korrespondenzbank des Emissionsinstitutes oder bei einem Nicht-Korrespondenten erfolgt. Im ersten Fall handelt es sich um die *Einlösung* (pagamento) des Reiseschecks, im anderen Falle um einen *Kauf*[37].

III. Das Fälschungsrisiko

Das Fälschungsrisiko hat im Reisescheckverkehr derjenige zu tragen, der beim Gebrauch oder bei der Entgegennahme des Reiseschecks nicht die erforderliche Sorgfalt angewandt hat[38]. Dabei ist auch nach italienischer Auffassung nur die Identität, nicht auch die Echtheit der beiden Unterschriften zu prüfen[39]. Ein gutgläubiger Erwerb scheidet nur bei ganz offensichtlichem Abweichen der Zweitunterschrift von der ersten aus[40]. Die Fälschung begründet jedoch eine Vermutung für die Unrechtmäßigkeit der Übertragung[41].

Nach einer etwas abweichenden Meinung stellt die Prüfung der Unterschriften auf ihre Übereinstimmung zwar ein notwendiges, aber kein ausschließliches Element für die Feststellung des guten Glaubens auf seiten des Erwerbers dar. Dieser werde, jedenfalls nach positivem italienischem Recht, nicht von seiner Sorgfaltspflicht zur Identitätsfeststellung des Vorlegers befreit. Auch werde von ihm beim Vergleich der Unterschriften eine *besondere* Sorgfalt verlangt, ohne daß er jedoch optische oder chemische Hilfsmittel anwenden müsse[42].

Unterschiedliche Meinungen werden über die rechtliche Bedeutung solcher Erklärungen der Banken vertreten, durch die diese sich in ihrer Werbung verpflichten, abhanden gekommene Reiseschecks zu ersetzen. Nach einer Ansicht übernehmen die Banken damit das Risiko für den Fall, daß die verlorenen Reiseschecks in die Hände eines gutgläubi-

---

[36] *Cobianchi* in der Anmerkung zu Corte d'Appello di Genova vom 19. 4. 1929, in: R. D. C. 1929 II, S. 385.

[37] *Mossa,* Lo check e l'assegno circolare ..., a. a. O., S. 506; *Cobianchi,* Anmerkung in: R. D. C. 1929 II, S. 389.

[38] *Mossa,* Lo check e l'assegno circolare ..., a. a. O., S. 507. *Salandra,* Manuale di diritto commerciale Bd. II, a. a. O., S. 395.

[39] Dieser Grundsatz ist nach *Ascarelli,* La girabilità del „traveller's check", in: R. D. C. 1929 II, S. 344, im italienischen Recht gesichert.

[40] *Mossa,* Lo check e l'assegno circolare ..., a. a. O., S. 507.

[41] *Mossa,* Lo check e l'assegno circolare ..., a. a. O., S. 507; *Ascarelli,* La girabilità del „traveller's check", in: R. D. C. 1929 II, S. 343, unterscheidet: Fälschung begründe nur die Vermutung der unrechtmäßigen Herkunft, nicht auch des unrechtmäßigen Besitzes.

[42] *Micheli* u. *Marchi,* Assegno turistico, in: Enciclopedia del diritto Bd. III, a. a. O., S. 369 f.

gen Erwerbers gelangen. Die einschränkende Klausel „gegen angemessene Garantie“ sei restriktiv auszulegen und dahin zu verstehen, daß sich die Bank nur gegen einen eventuellen Betrug seitens des Kunden selbst schützen wolle[43]. Nach einer anderen Auffassung handelt es sich bei derartigen Werbeerklärungen der Banken jedoch lediglich um rechtlich unbeachtliche Reklame[44].

C. Der Reisescheck in der Literatur und Rechtsprechung Frankreichs

(A) Vorbemerkungen

In der französischen Rechtsprechung und Literatur hat sich die Frage der rechtlichen Natur des Reiseschecks vor allem im strafrechtlichen Zusammenhang gestellt. Art. 66 der französischen Scheckverordnung vom 30. 10. 1935 stellt den Scheckbetrug besonders unter Strafe. In Fällen, in denen die mißbräuchliche Verwertung gestohlener Reiseschecks festgestellt worden war, ergab sich daher die Frage, ob der Reisescheck ein Scheck i. S. der Scheckverordnung sei. Sie steht im Vordergrund der rechtlichen Erörterungen. Dabei handelte es sich in erster Linie um den Travelers Cheque der American Express Company, der verschiedentlich betrügerisch verwendet worden war. Der Reisescheck französischer Banken, die in den Jahren vor 1939 begannen, eigene Reiseschecks (chèque de voyage) herauszugeben[1], wird dagegen weniger behandelt und in der rechtlichen Beurteilung dem Travelers Cheque im wesentlichen gleichgestellt[2].

Die international-privatrechtliche Vorfrage, inwieweit bei der rechtlichen Beurteilung amerikanischer Reiseschecks französisches Recht zugrunde zu legen ist, wird nicht aufgeworfen.

Ebenso wird auch die Frage, welche Rechtsbeziehungen unter den Beteiligten am Reisescheckverkehr entstehen, kaum erörtert, sondern insoweit lediglich allgemein auf die Regeln Bezug genommen, die entsprechend der jeweiligen Auffassung über die Rechtsnatur des Reiseschecks Anwendung finden müssen.

---

[43] *Clementi,* Il „Traveller's Check“, in: Dir. e prat. comm. 1927 I, S. 190 f.

[44] *Ascarelli,* La girabilità del „traveller's check“ in: R. D. C. 1929 II, S. 346.

[1] *Percerou-Bouteron,* La nouvelle législation française ... Bd. II, Paris 1951, S. 34 Nr. 33 N. 1 Ziff. 4.

[2] *Marin,* Nature et régime des chèques de voyage, in: Banque 1951, S. 575; Becqué et Cabrillac, Travellers-chèques, in: Rev. trim. droit comm. 1955, S. 628.

Hiernach ist auch die folgende Darstellung auf die Frage der Rechtsnatur des Reiseschecks in französischer Sicht zu beschränken, wobei mit dem Travelers Cheque zu beginnen ist, weil sich die Stellungnahmen überwiegend auf diesen beziehen.

(B) Die Rechtsnatur des Travelers Cheque

Der amerikanische Travelers Cheque ist in der französischen Rechtsprechung vorwiegend in der Form des Amexco-Schecks, der zum Anweisungstyp des Reiseschecks gehört[3], Gegenstand von Entscheidungen gewesen. Daher betreffen auch die Stellungnahmen in der Literatur vor allem diesen Reisescheck. Soweit ersichtlich handelt es sich lediglich in einem von der Rechtsprechung entschiedenen Fall um einen Travelers Cheque des Zahlungsversprechens-Typs. Demgemäß muß auch hier unterschieden werden.

I. Der Travelers Cheque mit Anweisungscharakter

1. Die herrschende Meinung

Dieser Travelers Cheque stellt nach der in der französischen Rechtsprechung und Literatur *herrschenden Meinung* einen *gewöhnlichen Scheck* i. S. der französischen Scheckverordnung vom 30. 10. 1935 dar[4]. Man erkennt zwar äußere und verfahrensmäßige Besonderheiten an diesem Papier[5], diese sind aber nach der herrschenden Auffassung nicht geeignet, um dem Travelers Cheque die Eigenschaft eines Schecks i. S. der Scheckverordnung zu nehmen, weil er alle gesetzlichen Erfordernisse dieses Schecks erfülle und außerdem auch im Verkehr wie ein gewöhnlicher Scheck ausgestellt, empfangen, indossiert und honoriert werde[6]. Im Zusammenhang mit der Frage der Scheckeigenschaft des Travelers Cheque werden allerdings verschiedene Teilfragen aufgeworfen:

---

[3] Vgl. oben S. 31.

[4] Cour d'appel de Paris 3. 5. 1932 Gaz. Trib. 1932 II-2, S. 156 (= D. H. 1933, S. 13); Cour de Paris 8. 11. 1950 Sirey 1951 II, S. 137 (deutscher Kurzauszug bei *v. Bargen*, Internationale Rechtsprechung . . ., a. a. O., S. 344); Cour d'appel de Paris 26. 11. 1954 Banque 1955, S. 381; Cour d'appel d'Amiens 19. 1. 1956 J. C. P. 1956 II, S. 9187; *Hamel*, Banques et opérations de Banque Bd. I, a. a. O., Nr. 691; *Valéry*, Des chèques en droit français, a. a. O., S. 75 Nr. 74; *Becqué* et *Cabrillac*, Travellers-chèques, in: Rev. trim. droit comm. 1959, S. 911 f.; *Bouzat* in: Rev. trim. droit comm. 1956, S. 555, und 1960, S. 679; *Marin*, Travellers cheques et chèques de voyage, in: Banque 1959, S. 602.

[5] *Valéry*, Des chèques en droit français, a. a. O., S. 75 Nr. 74; *Marin*, Travellers cheques et chèques de voyage, in: Banque 1955, S. 380: „Un travelers cheque n'est justement pas un chèque ‹classique› tiré sur un compte par le client d'une banque."

[6] Vgl. Cour d'appel d'Amiens 19. 1. 1956 J. C. P. 1956 II, S. 9187.

a) Vorliegen der unbedingten Zahlungsanweisung

Zunächst wird festgestellt, daß der Wortlaut des Travelers Cheque in der Formulierung „Pay this cheque from our balance to the order of ..." weder eine Bedingung noch einen Vorbehalt enthalte und daher unbestreitbar eine unbedingte Zahlungsanweisung darstelle[7]. Sie wird als eine Anweisung des Emissionsinstitutes an ihre Agenturen und — in der beigefügten Liste genannten — Korrespondenten zugunsten des Travelers Cheque-Erwerbers aufgefaßt[8], wobei als Aussteller der Kassenführer oder Direktor fungiere[9].

In einem anderen Sinne hat sich die Cour d'appel de Paris lediglich im Urteil vom 26. 11. 1954[10] ausgesprochen. Das Gericht hatte sich mit der Einlassung eines wegen Betruges mit Travelers Cheques Angeklagten auseinanderzusetzen, der Travelers Cheque sei kein normaler Scheck, weil er nicht gem. Art. 3 der Scheckverordnung vom 30. 10. 1935 auf eine Bank gezogen sei, bei der der Aussteller ein Guthaben besitze. Dieser Einwand wurde in der genannten Entscheidung mit der Begründung zurückgewiesen, auch der Travelers Cheque werde vom Begünstigten auf sein Guthaben bei dem betreffenden Kreditinstitut gezogen. Marin hält diese Auffassung in einer Kritik dieses Urteils für „offensichtlich unrichtig"[11].

b) Zulässigkeit als Filialscheck

Der Umstand, daß der Travelers Cheque in der hier fraglichen Form vom Emissionsinstitut auf seine Agenturen gezogen wird, führt in den Erörterungen im französischen Schrifttum zu der Frage, ob der Travelers Cheque in dieser Form als normaler Scheck anerkannt werden könne. Trassiert-eigene Schecks sind auch im französischen Scheckrecht gem. Art. 6 Abs. 3 der Scheckverordnung vom 30. 10. 1935 unzulässig. Dennoch hält man den Travelers Cheque nach herrschender Auffassung für gültig, weil für ihn die durch Art. 6 Abs. 3 zugelassene Ausnahme zutreffe, wonach ein Scheck zwischen verschiedenen Niederlassungen desselben Ausstellers gezogen werden könne[12].

---

7 Cour de Paris 8. 11. 1950 Sirey 1951 II, S. 137; *Valéry*, Des chèques en droit français, a. a. O., S. 77, Nr. 75.

8 Cour de Paris 8. 11. 1950 Sirey 1951 II, S. 137; Cour d'appel d'Amiens 19. 1. 1956 J. C. P. 1956 II, S. 9187; *Valéry*, Des chèques en droit français, a. a. O., S. 75 Nr. 74; *Leysen*, Le chèque touristique américain, in: Rev. Banque 1951, S. 248.

9 Cour d'appel d'Amiens 19. 1. 1956 J. C. P. 1956 II, S. 9187.

10 Vgl. den Auszug bei *Marin*, Travellers cheque et chèque de voyage, in: Banque 1955, S. 381.

11 *Marin*, Travellers cheque et chèque de voyage, in: Banque 1955, S. 381.

12 Cour d'appel d'Amiens 19. 1. 1956 J. C. P. 1956 II, S. 9187; *Cabrillac*, Le chèque et le virement, Paris 1957, S. 130 Nr. 250.

c) Unzulässigkeit als Inhaberscheck

Als solcher wäre der Travelers Cheque gem. Art. 6 Abs. 3 der Scheckverordnung nicht als Inhaberscheck möglich. Auch nach französischer Auffassung stellt aber der Travelers Cheque keinen Inhaberscheck dar, weil der erste Erwerber bei Aushändigung des Papiers durch die Bank seinen Namen darauf anbringen und von diesem Augenblick an als Begünstigter angesehen werden müsse[13], oder — nach einer anderen Begründung — weil der Travelers Cheque nur zahlbar sei, wenn der erste Erwerber oder Indossatar ihn gezeichnet und gegengezeichnet hätte[14].

d) Zulässigkeit der Mehrheit von Zahlungsstellen

Aus der Tatsache, daß die Zahlungsanweisung des Travelers Cheque an alle Agenturen und Korrespondenten des Emissionsinstitutes gerichtet ist, ergibt sich die weitere Frage, ob es zulässig ist, einen Scheck auf eine Mehrheit von Zahlungsstellen zu ziehen. *Bouteron* hatte diese Frage früher verneint[15] und den Travelers Cheque deshalb als billet à ordre qualifiziert. Auf diesem Standpunkt steht heute jedoch — soweit ersichtlich — nur noch *Despax*[16], der der Ansicht ist, daß der Bezogene beim Travelers Cheque bis zur Zahlung unbestimmt bleibe. Denn wegen der scheckrechtlichen Formstrenge genüge es nicht, wenn der zur Zahlung angewiesene Korrespondent in einer besonderen Liste genannt werde. Der Bezogene müsse vielmehr im Papier selbst bezeichnet sein.

Die herrschende Lehre geht jedoch davon aus, daß der Scheck in dieser Form bei verschiedenen Stellen zahlbar gestellt werden könne, so daß auch wegen der Mehrheit von Zahlungsorten keine Bedenken gegen die Zulässigkeit des Travelers Cheque als Scheck i. S. der Scheckverordnung erhoben werden[17].

e) Das Fehlen der Angabe des Ausstellungstages und -ortes

Besondere Schwierigkeiten ergeben sich im Zusammenhang mit der vorliegenden Frage aus dem Umstand, daß dieses Papier häufig nicht die Angabe des Ortes und des Tages der Ausstellung enthält, bevor

---

[13] Cour d'appel d'Amiens 19. 1. 1956 J. C. P. 1956 II, S. 9187. Zustimmend *Cabrillac* in der Anmerkung zu dieser Entscheidung.

[14] *Marin*, Nature et régime des travellers-cheques et des chèques de voyage, in: Banque 1956, S. 41.

[15] *Bouteron*, Le Chèque, Paris 1924, S. 160 f.

[16] *Despax*, Les travellers chèques, in: Rev. trim. droit comm. 1957, S. 332.

[17] Cour d'appel d'Amiens 19. 1. 1956 J. C. P. 1956 II, S. 9187; Cabrillac in der Anmerkung zu dieser Entscheidung; *Hamel*, Banques et opérations de Banque Bd. I, a. a. O., Nr. 691 u. 602.

es verwertet wird. Dies ist insbesonders beim Amexco-Scheck der Fall, der diesen Erörterungen in der französischen Literatur stets zugrunde liegt[18]. An diesem Punkte teilen sich die Meinungen innerhalb der herrschenden Lehre in Frankreich:

Nach der einen Auffassung ist das Fehlen dieser Angaben nicht geeignet, dem Travelers Cheque die Scheckeigenschaft weder im zivilrechtlichen noch im strafrechtlichen Sinne zu nehmen. Sie stützt sich auf Art. 64 der Scheckverordnung vom 30. 10. 1935, wonach jeder, der einen Scheck ohne Angabe des Ortes und des Tages der Ausstellung ausstellt, indossiert, honoriert oder sonst als Gegenleistung annimmt, strafbar ist. Hieraus folge, daß eine solche Urkunde ihre Gültigkeit als Scheck nicht verliere, daß vielmehr auch der Inhaber eines Schecks ohne Angabe des Ausstellungsortes und -tages mit Recht Zahlung verlangen könne[19].

Diese Ansicht ist jedoch im Schrifttum auf Widerspruch gestoßen. In der Entscheidung der Cour d'appel de Paris vom 8. 11. 1950[20] war bereits mit Berufung auf die Vorschrift des Art. 64 der Scheckverordnung lediglich die strafrechtliche Gültigkeit des Travelers Cheque als Scheck anerkannt worden, während seine zivilrechtliche Gültigkeit für zweifelhaft gehalten wurde. Ebenso beschränkt auch *Cabrillac*[21] in seiner Kritik der Entscheidung der Cour d'appel d'Amiens vom 19. 1. 1956 die Gültigkeit eines Travelers Cheque, in dem die Angabe des Ausstellungsortes und -tages fehlt, auf den strafrechtlichen Scheckbegriff, der weiter sei als der zivilrechtliche. Denn die durch Art. 1 der Scheckverordnung vorgeschriebenen Erfordernisse eines Schecks seien gem. Art. 2 der Scheckverordnung zwingend. Für die Angabe des Ortes und des Tages der Ausstellung könne daher keine Ausnahme gemacht werden. Art. 64 der Scheckverordnung, der lediglich eine fiskalische Sanktion enthalte, schließe sich an die zivilrechtliche Sanktion des Art. 2 an, ohne ihr zu widersprechen[22].

f) Zusammenfassung

Im Ergebnis ist festzustellen, daß die herrschende französische Lehre die Scheckeigenschaft des Travelers Cheque anerkennt, indem sie sich auf den Nachweis beschränkt, daß dieses Papier die wesentlichen Er-

---

18 Vgl. oben S. 35.

19 Cour d'appel d'Amiens 19. 1. 1956 J. C. P. 1956 II, S. 9187.

20 Sirey 1951 II, S. 137.

21 Anmerkung in J. C. P. 1956 II, S. 9187.

22 Ebenso: *Marin*, Nature et régime des chèques de voyage, in: Banque 1951, S. 574; *Despax*, Les travellers chèques, in: Rev. trim. droit comm. 1957, S. 332.

fordernisse eines Schecks gem. Art. 1 der Scheckverordnung vom 30. 10. 1935 aufweist. Hieraus folgt für die Vertreter dieser Ansicht, daß die Beteiligten am Travelers-Cheque-Verkehr zivilrechtlich den Sonderbestimmungen der Scheckverordnung unterworfen sind. Ebenso fällt auch strafrechtlich der Betrug mit Travelers Cheques unter den besonderen Straftatbestand des Art. 66 der Scheckverordnung. Schließlich ergibt sich in steuerrechtlicher Hinsicht, daß auch der Travelers Cheque nicht stempelabgabepflichtig ist[23].

2. Die Gegenmeinungen

Gegenüber der herrschenden Meinung werden in der französischen Literatur und Rechtsprechung zwei Gegenmeinungen vertreten. Die eine faßt auch den seinem Wortlaut nach als Anweisung charakterisierten Travelers Cheque als Zahlungsversprechen des Emissionsinstitutes auf (a), die andere sieht in ihm ein dem Kreditbrief ähnliches Wertpapier eigener Art (b).

a) Der Travelers Cheque als Zahlungsversprechen des Emissionsinstitutes

Die Auffassung, daß der Travelers Cheque als Zahlungsversprechen des Emissionsinstitutes anzusehen ist, wird insbesondere von *Philonenko* (M. Ph.) in einer Anmerkung zum Urteil der Cour d'appel de Paris vom 8. 11. 1950[24] vertreten. Seiner Argumentation ist die Cour de Cassation in der Entscheidung vom 29. 3. 1955 gefolgt[25].

Philonenko ist der Ansicht, daß das Emissionsinstitut — in diesem Fall die American Express Company — nicht als Ausstellerin des Travelers Cheque bezeichnet werden könne; denn der Aussteller eines Schecks sei seiner Natur nach ein Gläubiger. Die American Express Company betrachte sich aber selbst als Schuldnerin. Bei einem Travelers Cheque gebe es weder einen Anweisenden, noch einen Bezogenen, noch einen Anweisungsempfänger, sondern nur einen Gläubiger und einen Schuldner, bzw. einen Versprechensgeber und einen Versprechungsempfänger. Denn seiner wirtschaftlichen Bedeutung nach habe der Travelers Cheque nicht eine Zahlungsanweisung, sondern ein Zahlungsversprechen zum Inhalt. Es handele sich, da diese Papiere in bestimmten, auf Dollar lautenden Werten umlaufen, in Wahrheit um eine Art von *Privatbanknoten*. Dieser Charakter komme auch besonders

[23] Cour d'appel d'Amiens 19. 1. 1956 J. C. P. 1956 II, S. 9187.

[24] Sirey 1951 II, S. 137.

[25] Vgl. den Auszug dieser Entscheidung bei *Marin*, Nature et régime des travellers-chèques et des chèques de voyage, in: Banque 1956, S. 41.

deutlich dadurch zum Ausdruck, daß die Travelers Cheques im Vertrauen auf die Kreditwürdigkeit der American Express Company von allen Banken eingelöst würden und dadurch ihren Wert erhielten.

Von der oben genannten Entscheidung der Cour de Cassation abgesehen hat diese Beurteilung des Travelers Cheque in der französischen Rechtsprechung und Literatur keinen Widerhall gefunden. Von Vertretern der herrschenden Lehre wird ihr insbesondere der Wortlaut der Urkunde entgegengehalten. Außerdem verliere der Travelers Cheque durch die in ihm enthaltene Zahlungsverpflichtung des bezogenen Kreditinstitutes nicht die Scheckeigenschaft; denn auch der Aussteller eines normalen Schecks garantiere für seine Zahlung[26].

Der Streit, ob der Travelers Cheque zahlungsversprechenden oder -anweisenden Charakter habe, ist indessen durch die französische Rechtsprechung bisher nicht endgültig entschieden worden, da sich die Cour de Cassation, die noch einmal über eine Berufung in der Strafsache, die auch den oben zitierten Urteilen zugrunde lag[27], zu entscheiden hatte, im letzten Urteil vom 24. 6. 1959[28] mit der Frage der Rechtsnatur des Travelers Cheque nicht befaßt hat[29].

b) Der Travelers Cheque als kreditbriefähnliches Wertpapier eigener Art

Eine dritte Meinung wird in der französischen Literatur von *Despax* zur Rechtsnatur des Travelers Cheque vertreten[30]. Unter Betonung der *Eigenständigkeit*[31] dieses Papiers — insbesondere gegenüber dem

---

[26] *Marin*, Nature et régime des travellers-chèques, in: Banque 1956, S. 41. *Becqué* et *Cabrillac*, Travellers-chèques, in: Rev. trim. droit comm. 1951, S. 556.

[27] Der Zusammenhang zwischen den verschiedenen Urteilen ist folgender: Das Urteil der Cour de Paris vom 8. 11. 1950 Sirey 1951 II, S. 137, wurde durch die Entscheidung der Cour de Cassation vom 29. 3. 1955 unter Verweisung zur nochmaligen Verhandlung an die Strafkammer von Amiens aufgehoben. Nachdem diese — entgegen dem voraufgegangenen Berufungsurteil — in der Entscheidung vom 19. 1. 1956 J. C. P. 1956 II, S. 9187, wiederum dem Standpunkt der herrschenden Lehre gefolgt war, kam es zu einer weiteren Berufung, die Gegenstand der Entscheidung vom 24. 6. 1959 war.

[28] Vgl. den Auszug bei *Marin*, Travellers chèques et chèques de voyage, in: Banque 1959, S. 602.

[29] *Becqué* et *Cabrillac*, Travellers-chèques, in: Rev. trim. droit comm. 1959, S. 912. — Die Cour de Cassation hat zwar in einer weiteren Entscheidung vom 21. 1. 1960 J. C. P. 1960 II, S. 11 518 zur Frage der Rechtsnatur des Travelers Cheque Stellung genommen. Zu beachten ist hierbei aber, daß es sich in diesem Falle nicht um den Anweisungstyp handelte, vgl. weiter unten.

[30] *Despax*, Les travellers chèques, in: Rev. trim. droit comm. 1957, S. 323 ff.; ders., Anmerkung zu Cour de cassation vom 21. 1. 1960 in: D. H. 1961 Jurisprudence S. 56 ff.

[31] *Despax*, Les travellers chèques, in: Rev. trim. droit comm. 1957, S. 330 ff. — Ähnlich *Lemkin*, La Réglementation des Paiements Internationaux, Pa-

normalen Scheck — sieht er im Travelers Cheque Eigenschaften des Schecks, der Banknote und des Zirkularkreditbriefes vereint. Er grenzt daher die Merkmale des Travelers Cheque gegenüber denen jener drei verwandten Papiere ab und kommt dabei zu dem Ergebnis, daß die größte Ähnlichkeit zwischen dem Travelers Cheque und dem Kreditbrief festzustellen sei.

Despax wendet sich vor allem auch gegen die h. L., die sich durch das Wort „Scheck" habe „hypnotisieren" lassen[32], die Wirklichkeit aber verkenne, wenn sie den Travelers Cheque mit dem normalen Scheck gleichstelle. Wenngleich auch seiner Meinung nach einige der wesentlichen Scheckerfordernisse ohne Schwierigkeiten im Travelers Cheque zu erkennen sind, so liegt nach ihm bereits die formelle Scheckeigenschaft nicht vor, da es stets an der Bezeichnung eines bestimmten Bezogenen fehle[33], in vielen Fällen außerdem auch an der Angabe des Tages und des Ortes der Ausstellung.

Einen wesentlichen materiellen Unterschied sieht er darin, daß der Scheck in jedem Falle eine Deckung voraussetze, diese Deckung aber — wenn sie auch beim Emissionsinstitut vorhanden sei — bei den im Travelers Cheque zur Zahlung angewiesenen Korrespondenten *für das Emissionsinstitut* nicht bestehe. Während nun für einen Scheck das Vorhandensein einer ausreichenden Deckung stets gefordert werden müsse, scheine ihm dies Erfordernis bei einem Travelers Cheque in einzigartiger Weise „versüßt" zu sein[34], da hier der zahlenden Bank die beim Emissionsinstitut vorhandene Deckung zur Verfügung stehe. Im übrigen meint *Despax*, daß die Vorlegungsfristen beim Travelers Cheque sehr unterschiedlich sein können, einige sogar — wie der Amexco-Scheck — ohne jede zeitliche Begrenzung gültig seien, während die Vorlegungsfrist für den Scheck sehr genau geregelt sei[35].

Wie die Beurteilung des Travelers Cheque als Scheck i. S. der Scheckverordnung scheidet nach *Despax* auch die Auffassung aus, daß es sich hier um eine Banknote handele[36]. Eine gewisse Ähnlichkeit bestehe zwar insofern, als der Travelers Cheque wie die Banknote in be-

---

ris 1939, S. 8 N. 1, der die Reiseschecks nicht für Schecks hält: „... ce sont plutôt des mandats d'une nature spéciale (mandats de paiement)".

32 *Despax,* a. a. O., S. 339.

33 Vgl. oben S. 136.

34 *Despax,* a. a. O., S. 338: „... cette exigence parait singulièrement édulcorée pour les travellers chèques ..."

35 *Despax,* a. a. O., S. 338 mit N. 4. Er verwechselt hier die scheckrechtliche Vorlegungsfrist mit der für den Travelers cheque häufig bestimmten Gültigkeitsfrist, die jedoch richtiger Ansicht nach nicht gleichzusetzen sind, vgl. oben S. 62 f.

36 *Despax,* a. a. O., S. 347.

stimmten, stets gleichbleibenden Werten vorkomme, eine Gleichstellung sei jedoch unbegründet. Denn Banknoten seien Inhaberpapiere, die Travelers Cheques dagegen Orderpapiere. Im übrigen verbiete sich die Auffassung als Banknote auch deshalb, weil sie den Scheck des Travelers Cheque, nämlich die Risikovermeidung, gerade vereiteln würde. Den Hinweis auf die Erklärungen der Emissionsbanken, wonach die Travelers Cheques wie Geld behandelt werden könnten, hält *Despax* nicht für stichhaltig, da die Banken ihre Zusicherungen in der Praxis nicht hielten.

Die größte Verwandtschaft erkennt *Despax* zwischen dem Travelers Cheque und dem Kreditbrief[37], obwohl er auch hier gewisse Unterschiede feststellt, so die verschiedene Bezeichnung und insbesondere die Tatsache, daß der Kreditbrief nicht übertragbar sei, während der Travelers Cheque an Order laute. *Despax* hält diese Unterschiede jedoch nicht für entscheidend, weil sie mehr äußerlicher Art seien. Im übrigen gebe es auch unübertragbare Reiseschecks. Soweit sie aber die Orderklausel enthielten, sei in der Praxis eine Zirkulation kaum zu beobachten, so daß auch in dieser Hinsicht tatsächlich nur ein geringfügiger Unterschied bestehe[38].

Despax mißt diesem Unterschied um so weniger Bedeutung bei, als er sonst gleiche Wesensmerkmale feststellt, nämlich insbesondere die gleiche wirtschaftliche Funktion und das gleiche Verfahren, durch das der den beiden Papieren gemeinsame Zweck erreicht werden soll. *Despax* sieht so im Travelers Cheque lediglich eine weiterentwickelte Form des Kreditbriefs.

Hieraus zieht er die Folgerung, daß auf den Travelers Cheque die für den Kreditbrief geltenden Regeln anzuwenden seien, soweit nicht die Richtlinien der Banken für die von ihnen ausgegebenen Reiseschecks ausdrücklich etwas anderes vorschreiben.

II. Der Travelers Cheque mit Zahlungsversprechens-Charakter

Soweit ersichtlich, wird die rechtliche Natur des Travelers Cheque, der ein Zahlungsversprechen der Emissionsbank zum Ausdruck bringt, nur in einem Urteil der Cour de Cassation vom 21. 1. 1960[39] erörtert. Es handelte sich um den Travelers Cheque der Bank of America[40]. Das

---

[37] *Despax* geht von der auch beim Amexco-Scheck nicht zutreffenden Ansicht aus, daß diesem Papier die gleiche Anweisung zugrunde liege wie dem Kreditbrief.

[38] *Despax*, a. a. O., S. 341 f.

[39] J. C. P. 1960 II, S. 11 518.

[40] Vgl. den Wortlaut dieses Formulars oben S. 33.

Gericht stellt hier fest, daß diese Reiseschecks, wenngleich sie die äußeren Merkmale eines Schecks hätten, nicht der Qualifikation des Schecks entsprechen, weil sie keine Zahlungsanweisung zum Ausdruck bringen. Es sei in ihnen lediglich eine Zahlungsverpflichtung der emittierenden Bank enthalten.

(C) Der französische Reisescheck

Der Streit um die Rechtsnatur des Reiseschecks in der französischen Rechtsprechung und Literatur bezieht sich auf den amerikanischen Travelers Cheque. Hinsichtlich des französischen Reiseschecks (chèque de voyage) ist dagegen — soweit festzustellen — die Ansicht der herrschenden Lehre, es handele sich um einen Scheck i. S. der Scheckverordnung, unwidersprochen geblieben. Nach h. L. trifft alles das, was von ihr über den Travelers Cheque ausgesagt wird, auch für den französischen Reisescheck zu[41], mit dem Unterschied jedoch, daß hier Zweifel an der Scheckeigenschaft überhaupt nicht entstehen können, da der französische Reisescheck — im Gegensatz zum amerikanischen — stets die Angabe des Ortes und des Tages der Ausstellung enthalte und häufig auch nicht in der Form eines trassiert-eigenen Schecks ausgegeben werde[42].

---

[41] *Marin*, Nature et régime de chèque de voyage, in: Banque 1951, S. 575; Becqué et Cabrillac, Travellers-chèques, in: Rev. trim. droit comm. 1955, S. 628.

[42] *Marin*, Nature et régime de chèque de voyage, in: Banque 1951, S. 575.

Schlußwort

Von einer Einheitlichkeit der Auffassungen über die mit dem Reisescheck zusammenhängenden Rechtsfragen kann nach den obigen Ausführungen im vollen Umfange weder im Inland noch im Ausland gesprochen werden. Meinungsunterschiede und die sich daraus ergebenden Ungewißheiten in rechtlicher Hinsicht passen jedoch — wenngleich sie durch eine großzügige Geschäftspolitik der Banken ausgeglichen werden — schlecht zu einem Papier, das Sicherheit bieten will und in so besonderem Maße auf Vertrauen angewiesen ist. Als Mittel des Geldtransportes, das insbesondere auch im internationalen Reiseverkehr Verwendung finden soll, wird sich der Reisescheck der notwendigen allgemeinen Anerkennung auch um so mehr erfreuen, wenn nicht nur das damit verbundene Verfahren einheitlich gehandhabt wird, sondern auch über die anzuwendenden Rechtsgrundsätze weitgehende Übereinstimmung besteht.

Die wünschenswerte Einheitlichkeit der Rechtsauffassungen wird allerdings kaum jemals ganz zu erreichen sein, da die im Verkehr befindlichen Reisescheckformulare unterschiedlich ausgestaltet sind und sich außerdem die Verschiedenheiten zwischen den einzelnen Rechtsordnungen — so insbesondere zwischen dem anglo-amerikanischen und dem Scheckrecht der Länder, die dem Genfer Scheckabkommen beigetreten sind — auswirken müssen. Unabhängig hiervon sollte aber über die Durchführung der stets gleichbleibenden Zweckgedanken des Reiseschecks — Sicherheit und leichte Einlösbarkeit — auch vom rechtlichen Standpunkt aus im internationalen Verkehr Übereinstimmung bestehen.

Man muß sich darüber im klaren sein, daß sich diese beiden Gedanken rechtlich nicht miteinander vereinbaren lassen; denn die leichte Einlösbarkeit setzt einen weitgehenden Vertrauensschutz voraus, der die vom Reisescheckerwerber erstrebte Sicherheit einschränken muß. Sie lassen sich nur durch den Grundsatz vereinen, daß die *Sicherheit* durch das *Verfahren*, die *leichte Einlösbarkeit* des Reiseschecks dagegen durch einen starken *rechtlichen Schutz* Drittbeteiligter gewährleistet wird. Hieraus ergibt sich auf der einen Seite die Notwendigkeit sorgfältiger Beachtung der Verfahrensrichtlinien durch alle Beteiligten. Auf der anderen Seite muß dem Verkehr der nötige Schutz durch die unmittelbare Berechtigung Drittbeteiligter gegenüber dem Emissionsinstitut, durch die Ermöglichung des gutgläubigen Erwerbs und durch den Ausschluß der Widerruflichkeit des Reiseschecks gewährt werden. Die Anerkennung dieses Grundsatzes liegt im Interesse aller Beteiligten — letztlich auch in dem des Reisescheckerwerbers, da ihm unter Verringerung des Verlustrisikos zugleich die Möglichkeit gesichert wird, sich *jederzeit* Bargeld zu verschaffen — und wird damit der Förderung dieses Bankgeschäftes dienen.

Anhang

Merkblatt

für die Einlösung der einheitlichen DM-Reiseschecks deutscher Kreditinstitute*

Allgemeines

Die Reiseschecks der deutschen Kreditinstitute sind in Format, Textfassung und -anordnung sowie in der Farbtönung einheitlich gestaltet; ihr Textaufdruck ist in deutscher, englischer und französischer Sprache gehalten. Sie unterscheiden sich lediglich durch die Benennung der Emissionsinstitute als Bezogenen und gegebenenfalls durch das auf der linken Scheckseite angebrachte Firmenzeichen.

Neben den Emissionsinstituten und ihren Niederlassungen geben auch befreundete Kreditinstitute des In- und Auslandes diese Reiseschecks ab. Die Ausgabestelle bringt ihren Firmenstempel (bei den auf die „Deutsche Girozentrale — Deutsche Kommunalbank" gezogenen Reiseschecks ihre Kenn-Nummer) an der entsprechend bezeichneten Stelle auf der Vorderseite der Schecks an, füllt die Rubrik „Ort/Datum" aus und läßt den Erwerber in der rechten unteren Ecke des Schecks unterschreiben.

Stückelung

Die Reiseschecks gelangen in drei Werten zur Ausgabe:

Wert DM 50,— in rötlicher Grundfarbe
Wert DM 100,— in grüner Grundfarbe
Wert DM 500,— in blau-violetter Grundfarbe

Einlösung

Die Reiseschecks können nur innerhalb von zwölf Monaten, vom Ausgabetag an gerechnet, eingelöst werden. Sie müssen den beigefügten Mustern entsprechen, mit Ausstellungsort, Ausstellungsdatum, Ausgabestelle und Originalzeichnung des Scheckkäufers versehen sein und dürfen keine Rasuren und keine Verfärbungen (durch die Behandlung mit chemischen Mitteln) aufweisen.

Der Vorleger hat sich durch einen Paß oder einen anderen amtlichen Personalausweis mit Lichtbild auszuweisen und in Gegenwart des Schalterbeamten der Einlösungsstelle den Reisescheck in dem mit „Gegenzeichnung" bezeichneten Feld zu unterschreiben. Die Übereinstimmung dieser Unterschrift mit dem vom Erwerber des Schecks eingetragenen Namenszug und der Unterschrift im vorgelegten Paß oder Lichtbildausweis ist festzustellen.

---

* Auszug

Falls ein Reisescheck bei der Vorlage bereits die Gegenzeichnung tragen sollte, muß die Unterschrift auf der Rückseite des Schecks in Gegenwart des Schalterbeamten wiederholt werden.

Nicht vom Erwerber selbst, sondern von anderer Seite eingereichte Reiseschecks, die bereits beide Unterschriften tragen, sind nur dann einzulösen, wenn der Einreicher der Einlösungsstelle durch sein Giro haftet.

Die Schecks werden von den deutschen Kreditinstituten gebührenfrei eingelöst. Bei der Einlösung im Ausland sind die usancemäßigen Gebühren zu kürzen.

Ein etwaiger Vermerk „Inland" auf den Reiseschecks ist für die ausländischen Einlösungsstellen ohne Bedeutung.

Verrechnung der Gegenwerte

Eingelöste Schecks sind auf der Rückseite mit dem Firmenstempel der Einlösungsstelle zu versehen und auf dem üblichen Wege einzuziehen. Die Anschaffung erfolgt zum Nominalwert auf dem gewünschten Konto.

Verlust oder Diebstahl

Gehen Schecks verloren oder werden Unregelmäßigkeiten, Verfälschungen, unrechtmäßiger Besitz usw. festgestellt, so ist das bezogene Kreditinstitut unter Angabe aller erforderlichen Einzelheiten unverzüglich zu unterrichten. Eine Veröffentlichung von Verlustmeldungen usw. durch das bezogene Institut erfolgt jedoch nicht.

Im März 1957

Für die Emissionsinstitute der DM-Reiseschecks

Bundesverband des privaten Bankgewerbes (e. V.)
Deutscher Sparkassen- und Giroverband e. V.
Deutsche Genossenschaftskasse

Muster eines DM-Reiseschecks

Literaturverzeichnis

Adler: Gestohlene und gefälschte Reiseschecks, in: Internationale Kriminalpolizeiliche Revue 1956, S. 152 ff.

Ascarelli: In tema di assegno turistico (traveller's check), in: Diritto e pratica commerciale 1926 II, S. 175 ff.

— La girabilità del ‚traveller's check', in: Rivista diritto commerciale 1929 II, S. 329 ff.

— Ancora sulla girabilità del ‚traveller's check', in: Foro italiano 1929 I, S. 1203.

— In tema di moduli di assegno circolari, in: Banca, borsa e titoli di credito 1949 I, S. 243 ff.

v. Bargen: Internationale Rechtsprechung zum Genfer einheitlichen Wechsel- und Scheckrecht, hrsg. von E. v. Caemmerer, Berlin-Tübingen 1954.

Baumbach-Hefermehl: Wechselgesetz und Scheckgesetz, 7. Aufl., München und Berlin 1962.

de Béco: La protection des travellers cheques en droit pénal, in: Revue de la Banque 1951, S. 365 ff.

Becqué et Cabrillac: Travellers-chèque. Caractère juridique de chèque. Contrefaçon et falsification. Application de l'article 66 du décret-loi du 30. octobre 1935, in: Revue trimestrielle droit commercial 1951, S. 556.

— Travellers-chèques. Caractères juridiques de chèques. Falsification. Application législation pénale du chèque, in: Revue trimestrielle droit commercial 1955, S. 628.

— Travellers-chèques. Falsification. Non-application de la législation pénale du chèque. Application article 147 du code pénal, in: Revue trimestrielle droit commercial 1956, S. 90.

— Travellers-chèques. Falsification. Caractères juridiques de chèque, Application législation pénale du chèque, in: Revue trimestrielle droit commercial 1956, S. 291.

— Chèque de voyage. Recel. Chèque non revêtu de la deuxième signature indispensable au paiement. Existence du délit, in: Revue trimestrielle droit commercial 1958, S. 585.

— Travellers-chèques. Caractère juridique. Falsification. Non-application de la législation pénale du chèque, in: Revue trimestrielle droit commercial 1959, S. 911 f., und 1960, S. 368.

Bertling: Die Kriminalität im bargeldlosen und bargeldsparenden Zahlungsverkehr, Hamburg 1959.

Bigiavi: Falso in assegno bancario sostinuto di ricevuta, in: Foro italiano 1930 II, S. 354 ff.

Boecker: Pfändung der Rechte aus Schecks auf Reiseverkehrs-Sonderkonten, in: Bank-Archiv 1933, S. 308.

Bösel: Rationalisierung des Reisescheckgeschäftes, in: Bank-Betrieb, Betriebswirtschaftliche Informationen für die privaten Banken, 1962, S. 60.

Bouteron: Le Chèque, Théorie et Pratique, Paris 1924.

Bouzat: Contrefaçon de chèques. Travellers chèques. Assimilation aux chèques ordinaires, in: Revue trimestrielle droit commercial 1956, S. 555, und 1960, S. 679.

Brady: The Law of Bank Checks, Cambridge Mass. 1933.

Brannan: Beutel's Brannan, Negotiable Instruments Law, 7. Aufl., Cincinnati 1948.

Breit: Scheck-, Giro- und Depositenrecht, Kommentar zum deutschen Scheckgesetz, Berlin 1929.

Britton: Handbook of the law of bills and notes, St. Paul Minn. 1943.

Broglio: La cambiale e lo chèque nel diritto anglo-americano, Vicenza 1953.

Buttaro: Assegno bancario, assegno circolare e assegni speciali, in: Novissimo Digesto Italiano, Bd. 1, Teil 2 (Aq—Ay), Turin 1958.

Byles: On Bills of Exchange, 1955 (ohne Angabe des Erscheinungsortes).

Cabrillac: Le chèque et le virement, 2. Aufl., Paris 1957.

— Anmerkung zu Cour d'appel d'Amiens vom 19. 1. 1956, in: Jurisclasseur Périodique, La Semaine juridique 1956, Teil II, S. 9187.

Clementi: Il ‚Traveller's Check', in: Diritto e pratica commerciale 1927 I, S. 99 und S. 180 ff.

Cobianchi: Gli assegni turistici, in: Rivista diritto commerciale 1929 II, S. 384 ff.

Cohn: Die Kreditgeschäfte, in: Handbuch des Deutschen Handels-, See- und Wechselrechts, hrsg. von W. Endemann, 3. Bd., Leipzig 1885.

Colagrosso-Molle: Diritto Bancario, 2. Aufl., Rom 1960.

Conrad: Handbuch des deutschen Scheckrechts unter Berücksichtigung der ausländischen Gesetzgebung, Stuttgart 1908.

Cudkowicz: Wertpapierverlust, Rechtsverhältnisse und Schutzmaßnahmen, Schweiz, europäische und außereuropäische Staaten, Zürich 1941.

Despax: Les travellers chèques, in: Revue trimestrielle droit commercial 1957, S. 323 ff.

— Nature juridique des chèques de voyage, Anmerkung zu Cour de cassation vom 20. 1. 1960, in: Recueil Dalloz hebdomadaire 1961, Jurisprudence S. 56 ff.

Dominedò: Traveller's Check, in: Nuovo digesto italiano, Bd. XII, Teil 2 a (Tat-Z), Turin 1940, S. 455 ff.

Düringer-Hachenburg: Das Handelsgesetzbuch vom 10. Mai 1897 auf der Grundlage des Bürgerlichen Gesetzbuchs, erläutert von Breit-Hoeniger-Werner, IV. Bd., 3. Aufl., Mannheim-Berlin-Leipzig 1932.

Dyckerhoff: Die Steuerpflicht ausländischer Schecks, in: Bank-Archiv 1925/1926, S. 77 ff.

— Schwierigkeiten im Kreditbrief- und Travellerscheck-Verkehr, in: Bank-Archiv 1926/27, S. 269 ff.

Enneccerus-Lehmann: Recht der Schuldverhältnisse, Ein Lehrbuch, 15. Bearbeitung, Tübingen 1958.

Federici: In tema die assegno turistico, in: Diritto e pratica commerciale 1930 II, S. 88 ff.

Ferri: Manuale di diritto commerciale, 2. Aufl., Turin 1961.

Feske: Reisekreditbrief, in: Handwörterbuch der Betriebswirtschaft, Bd. III, 3. Aufl., Stuttgart 1960, Sp. 4637 ff.

Fick: Die Frage der Checkgesetzgebung auf dem europäischen Kontinent, Zürich 1897.

Folco: Il sistema del diritto della banca, Mailand 1959.

Frankenstein: Internationales Privatrecht (Grenzrecht), II. Bd., Berlin 1929.

v. Gierke: Das Recht der Wertpapiere unter besonderer Berücksichtigung von Wechsel, Scheck usw., Köln-Berlin 1954.

Greco: Corso di diritto bancario, 2. Aufl., Padua 1936.

Hahn: Sind Spezialschecks und Goldzertifikate Geldersatz?, in: Blätter für Genossenschaftswesen 1960, S. 141 ff.

— Zahlungsmittelverkehr der Unternehmung. Eine betriebswirtschaftliche Analyse der inländischen Zahlungsmittel und ihrer Bewegungen, Wiesbaden 1962.

Hamel: Banques et opérations de Banque, Bd. I, Paris 1933.

Heck: Grundriß des Schuldrechts, Tübingen 1929.

Heymann-Kötter: Handelsgesetzbuch, 20. Aufl., Berlin 1950.

Holden: The History of Negotiable Instruments in English Law, University of London 1955.

Hueck: Recht der Wertpapiere, 8. Aufl., Berlin und Frankfurt 1960.

Jacobi: Wechsel- und Scheckrecht unter Berücksichtigung des ausländischen Rechts, Berlin 1956.

Judeich: Wechselsteuergesetz, Stuttgart 1955.

Justat und *Maurer:* Rechtsfragen des Reiseschecks, in: Zeitschrift für das gesamte Kreditwesen 1956, S. 155 ff.

Käser: Der amerikanische Travelers Check in der internationalen Rechtsprechung, in: Zeitschrift für das gesamte Kreditwesen 1961, S. 196 ff.

— Rechtliche Aspekte des einheitlichen DM-Reiseschecks, in: Zeitschrift für das gesamte Kreditwesen 1962, S. 399 ff.

Kegel: Internationales Privatrecht, Ein Studienbuch, München und Berlin 1960.

— Das internationale Privatrecht im Einführungsgesetz zum BGB, Erläuterungen zu Art. 7—31 EGBGB, Stuttgart 1961.

Keßler: Scheckgesetz vom 14. August 1933, Mannheim-Berlin-Leipzig 1934.

Koch: Banken und Bankgeschäfte unter besonderer Berücksichtigung der Rechtsverhältnisse, Jena 1931.

— Kreditbriefgeschäft, in: Rechtsvergleichendes Handwörterbuch für das Zivil- und Handelsrecht des In- und Auslandes, 5. Bd., Berlin 1936.

Lemkin: La Réglementation des Paiements Internationaux, Paris 1939.

Lessing: Scheckgesetz vom 11. März 1908, 2. Aufl., München-Berlin-Leipzig 1926.

Leysen: Le chèque touristique américain, in: Revue de la Banque 1951, S. 245 ff.

Locher: Das Recht der Wertpapiere, Tübingen 1947.

Makarov: Quellen des Internationalen Privatrechts, Bd. II (Texte der Staatsverträge), 2. Aufl., Berlin-Tübingen 1960.

Mampe: Unterliegen die internationalen Reiseschecks des Norddeutschen Lloyd der Wechselstempelsteuer?, in: Bank-Archiv 1908/09, S. 340 ff.

Marin: Nature et régime des chèques de voyage, in: Banque 1951, S. 573 ff.

— Travellers-cheques et chèque de voyage, in: Banque 1955, S. 380 f.

— Nature et régime des travellers-cheques et des chèques de voyage, in: Banque 1956, S. 41 f.

— Travellers-cheques et chèques de voyage, in: Banque 1956, S. 171 f.

— Chèque de voyage. Vol et recel avant la contre-signature. Existence du délit., in: Banque 1958, S. 380.

— Travellers-cheques et chèques de voyage, in: Banque 1959, S. 602 f.

Michaelis: Scheckgesetz vom 11. 3. 1908, Berlin und Leipzig 1927.

Michalke-Heinbücher: Der Betrug mit Traveler's Cheques, in: Zeitschrift für das gesamte Kreditwesen 1957, S. 548 ff.

Micheli und *Marchi:* Assegno turistico, in: Enciclopedia del diritto, Bd. III (Ari-Atti), Mailand 1958, S. 367 ff.

Minty: The law relating to banking an foreign exchange, London 1931.

Mossa: Lo check e l'assegno circolare secondo la nuova legge, Mailand 1939.

Munn: Encyclopedia of Banking and Finance, New York 1927.

Neumeyer: Internationales Privatrecht, Berlin 1923.

Nußbaum: Deutsches Internationales Privatrecht unter besonderer Berücksichtigung des österreichischen und schweizerischen Rechts, Tübingen 1932.

Obst-Hintner: Geld-, Bank- und Börsenwesen, 34. Aufl., Stuttgart 1955, und 36. Aufl., Stuttgart 1963.

Ogden: The Law of Negotiable Instruments, 4. Aufl., Chicago 1938.

Palandt: Bürgerliches Gesetzbuch, Kurzkommentar, 22. Aufl., München und Berlin 1963, bearbeitet von Danckelmann, Gramm, Hoche, Lauterbach, Rechenmacher.

Paton: Paton's Digest, A digest of legal opinions of Thomas B. Paton, General Counsel of the American Bankers Association, Bd. 1 und 2, New York 1926.

Percerou-Bouteron: La nouvelle législation française et internationale de la lettre de change, du billet a ordre et du chèque avec un exposé sommaire des principales législations étrangères, Bd. II, Paris 1951.

Quassowski-Albrecht: Scheckgesetz vom 14. August 1933, Berlin 1934.

Rehfeldt: Wertpapierrecht, Ein Studienbuch, 6. Aufl., München und Berlin 1962.

Ritter: Kommentar zum Handelsgesetzbuch, 2. Aufl., München und Berlin 1932.

Rothschild: Taschenbuch für Kaufleute, 2. Buch, 60. Aufl., Leipzig 1927.

Salandra: Manuale di diritto commerciale, 2. Bd.: I contratti commerciali, i titoli di credito, 2. Aufl., Bologna 1950.

Schlegelberger: Handelsgesetzbuch, erläutert von Geßler-Hefermehl-Hildebrandt-Schröder, Bd. 3, 3. Aufl., Berlin und Frankfurt 1956.

Schnitzer: Handbuch des Internationalen Handels-, Wechsel- und Checkrechts, Zürich-Leipzig 1938.

— Handbuch des Internationalen Privatrechts einschließlich Prozeßrecht unter besonderer Berücksichtigung der Schweizerischen Gesetzgebung und Rechtsprechung, 4. Aufl., Basel 1958.

Schumann: Handelsrecht, Bd. II (Handelsgeschäfte-Wertpapiere), Wiesbaden 1954.

v. Schwerin: Wechsel- und Scheckrecht einschließlich der Grundbegriffe des Wertpapierrechts, 2. Aufl. des Rechtes der Wertpapiere, Berlin-Leipzig 1934.

de Semo: Il codice di commercio commentato, Della dambiale e dell' assegno bancario, Turin 1935.

Sereni: L'assegno turistico americano, in: Banca, borsa e titoli di credito 1950 I, S. 46 ff.

Soprano: L'assegno di viaggio, in: Forio italiano 1926 I, S. 1166 ff.

Stanzl: Wechsel-, Scheck- und sonstiges Wertpapierrecht, Graz-Köln 1957.

Staub: Kommentar zum Handelsgesetzbuch, 14. Aufl., Leipzig und Berlin 1933, bearbeitet von Pinner, Bondi, Gadow, Heinichen.

Staudinger: Kommentar zum Bürgerlichen Gesetzbuch und dem Einführungsgesetz, II. Bd. Recht der Schuldverhältnisse, 3. Teil, 9. Aufl., München-Berlin-Leipzig 1929, bearbeitet von Kober, Engelmann, Geiler.

Thomsen: Strafbare Handlungen mit Reiseschecks, in: Kriminalistik, Zeitschrift für die gesamte kriminalistische Wissenschaft und Praxis 1955, S. 212 ff.

Thomson: Dictionary of Banking, London 1939.

Traverso: Sulla girabilità del traveller's check, in: Foro italiano 1929, II, S. 133 ff.

Trost-Schütz: Bankgeschäftliches Formularbuch, 15. Aufl., Berlin 1959, und 16. Aufl., Berlin 1963.

Ulmer: Das Recht der Wertpapiere, Stuttgart-Berlin 1938.

Valéry: Des chèques en droit français, Traité theorique et pratique, Paris 1936.

Veith: Internationales Wechsel- und Scheckrecht, in: Rechtsvergleichendes Handwörterbuch für das Zivil- und Handelsrecht des In- und Auslandes, IV. Bd., Berlin 1933.

Weiß: Das Internationale Scheckrecht, München 1929.

Williston: Negotiable Instruments, New York 1931.

Wolff: Das internationale Privatrecht Deutschlands, 3. Aufl., Berlin-Göttingen-Heidelberg 1954.

Ziegler: Wechselsteuergesetz, Frankfurt 1960.

N. N.: Negotiability of Travelers Checks, in: Yale Law Journal Bd. 47, S. 470 ff.

N. N.: La lutte contre les faux travellers cheques, in: Revue de la Banque 1957, S. 510 ff.

N. N.: Der Travellerscheck, in: Zeitschrift für das gesamte Kreditwesen 1959, S. 228.

Sammel- und Nachschlagwerke

Corpus Juris Secundum, A complete Restatement of the entire American Law as developed by all reported cases, New York 1953, Band, Stichwort, Seite.

Enzyklopädisches Lexikon für das Geld-, Bank- und Börsenwesen, zugleich 2. Aufl. vom Handwörterbuch des Bankwesens von Palyi und Quittner, hrsg. von E. Achterberg u. a., Bd. II, Frankfurt/M. 1957.

Handwörterbuch des Bankwesens, hrsg. von Palyi und Quittner, Berlin, 1933.

Handbuch des gesamten Kreditwesens, hrsg. von W. Hofmann, 6. Aufl., Frankfurt/M. 1960.

Handwörterbuch des Kaufmanns, Lexikon für Handel und Industrie, hrsg. von K. Bott, Hamburg und Berlin 1927.

Das Wechsel- und Scheckrecht aller Länder, hrsg. von Schettler-Büeler, Deutscher Wirtschaftsdienst, Köln.

Sachregister